舞台と客席の近接学

ライブを支配する距離の法則

RYOTA NOMURA
野村亮太

dZERO

まえがき

「噺家《はなしか》はどのようにうまくなっていくのか」という問いへの答えを求めて、私は噺家の熟達化を研究してきた。

ただもの好きで思うままに研究を続けてきたが、芸術領域における定量的な熟達化研究を評価してくれる方がいてくれた。そのおかげで、私はいま早稲田大学人間科学学術院で「劇場認知科学ゼミ」を主宰している。また、学部向けと大学院向けそれぞれに劇場認知科学という授業を開講している。

劇場認知科学とは、落語に限らず、演劇、舞踊、コンサート、フェス、映画など様々な上映・上演芸術を対象に、演者と観客という劇場の主役たちの記憶や思考、問題解決、創造性などを研究する学問である。

劇場研究は、古くから美学・美術史や建築学の範疇《はんちゅう》と相場が決まっていたが[1]、私の場合には、哲学や史学といった人文科学ではなく、実験や調査により検証を行う実証的なアプローチをとる。それゆえ、私がいま劇場認知科学として進めているのは、いわばライブパフォーマンスの科学である。

劇場認知科学が解明を目指すのは、演者個人の内側でどんな情報処理過程が行われるのか、観客の感情がどのように喚起されるのかだけではない。これらに加えて、演者の表現が観客を魅了する際の訴求力や観客どうしが影響を与え合う対人相互作用もまた正統な研究テーマである。

というのも、こうした数秒から数十秒で作用する影響力や相互作用を想定しなければ、劇場であちらこちらに同時多発的に生じる認知過程を十全には説明できないからである。『舞台と客席の近接学』と題した本書では、劇場認知科学の主題のうち、特に距離について論じる。

人と人との距離に着目する「近接学」については、序章で改めて解説することになるが、これは、簡単に言ってしまえば、生物のある個体が他の個体との距離をどのように構造化しているかを論じる学問である。もちろん、ここでいう生物にはヒトを含んでいる。「近接学」を提唱したエドワード・ホールは、代表的な著書『かくれた次元』（一九七〇年、みすず書房）の中で、異なる文化に生きる人々を「異なった感覚的世界に住んでおり、会話をする際に保たれる距離を設定するときすら、ほとんど同じ感覚を使っていない」と記述した。

近接学では、特に視覚・聴覚・嗅覚・筋覚・温覚といった種々の感覚のうちどれが優勢になるかが距離によって異なることを強調する。生物学的な要素の働きを強調しているにもかかわらず、ホールが近接学を単純に生物学の一分野と位置付けるのを避けたのは、その射程が社会文化的な側面にも及ぶからだ。

例えば、初対面の人どうしが好意的な態度を示すにはどうするか。初対面の相手に同じく「触れる」という場合でも、肌の感覚を伴う器官である手のひらを合わせるのか、体温の温かみを感じるハグをするのか、それとも繊細な頬を合わせてキスをするのか。こうしたちょっとした行動にさえ、文化ごとに異なる感覚的世界が反映された空間の構築と、距離の取り方が関わっている――ホールは、そう言うのである。

人と人との物理距離は現代に限らず、古代からすでに対人関係を司る主要な要因であった。それにもかかわらず、ホールが指摘するまで多くの人はほとんど自覚のないまま過ごしてきた。他者とどれほど近接するかあるいは逆に離れるか、その距離はまさに「隠れた次元」としてヒトの対人関係を構造化してきた。

この近接学の系譜を踏まえ、本書が取り扱うのは、劇場における距離の問題である。

人と人のコミュニケーションが行われる距離が、その場の諸条件に対して忠実に決まっているのだとしたら、劇場での条件とは何か。またその結果何が生じるのか。劇場での距離にはどんな意味があるのだろうか。

この問いを発した途端、劇場における近接学で扱うべきいくつもの疑問が湧き上がってくる。

まず、舞台と客席には一定の距離が設けられ、演者と観客は少なくとも二〜五メートルほど隔てられている。こうした演者と観客の距離は何のためにあるのか。

一方客席に目をやると、会場の限られた空間に多くの観客が配置されることがほとんどだ。観客どうしは近接しており、肌が触れそうな密接距離だ。密接距離にあるとき、観客はすでに互いのテリトリーの内側にいる。これは、見知らぬ間柄であれば、接近することは避けて自分のテリトリーを守りたくなる、そういう距離である。客席はなぜこんなにも近接しているのだろうか。

劇場の様子は当たり前のものとして私たちの目に映っている。だが、客席を占める観客が互いに遠く離れていてはいけないのだろうか。もし、観客どうしが離れて座っていたら、観客たちはどのような体験をするのだろうか。

さらに、学問領域自体について深く考えるとすれば、そもそもこうした劇場における距離の問題に答えることには、どんな意義があるのだろうか。

これらの疑問に答えることが、本書の焦点となる。


二〇二〇年三月以降、新型コロナウィルス感染症の影響により、多くの劇場で公演の延期・中止を余儀なくされている。現時点で営業を再開している劇場でも、舞台と客席との距離を十分に取ること、また、観客どうしも隣り合うことがないように対処している。

こうした事情により、本書で取り上げる事例は、いずれも二〇二〇年以前のものであることはあらかじめ断っておきたい。

この状況がどこまで続くのか、また、こうした不確かな状況下で将来劇場がどのような形になっていくかは、まだ誰も知ることはできない。これから演者、劇場関係者、観客が皆の知恵を出し合って新たな劇場を創出する際に、舞台と客席の近接学は論拠になりうる。こうした模索を支援するのに本書が役立ってくれればうれしい。

目次

第一章　舞台と客席との距離　境界はなぜ必要か

第二章　客と客との距離　伝播する集合的感情

舞台と客席の近接学

ライブを支配する距離の法則

序　章　距離の法則による支配

どのくらいの距離を取るか

私たちの日常は、距離の法則に支配されている。

狭い道を歩いているとき、見知らぬ男性が前方から歩いてくる。年の頃なら二〇歳くらいか。

この男とすれ違うとき、あなたならどのくらいの距離を取るだろうか。肩と肩が接するくらいでは近すぎる。少なくとも四〇〜五〇センチくらいは離れてすれ違おうとするのではないか[2]。

それから、電車に乗り込んだとき、座る席をどう選ぶか。これにも距離の法則が関わっている。横並びで七席あれば、日本では真っ先に両端が埋まる。次は中央だろうか。いずれにしても、顔見知りでもない人とは触れずに、できるだけ距離を保つ順に席が埋まる。

エスカレーターもそうだ。ステップ（板）には規格があって、幅は一二〇センチ、奥行きはだいたい四〇センチだ。蹴上《けあ》がりは二一センチ程度が標準だという。

すべてのステップに人が立つと少し窮屈だ。一段下のステップに立つ同じ背丈の人からすれば、鼻先一五センチくらいに前の人の肩あたりが接近することになる。できることなら、もう一段下がって、手を軽く伸ばせるくらいには離れていたい。

逆に、接近していたいという場合もある。

親密な関係における距離だ。仲の良い恋人たちは、互いの頬のうぶ毛が擦れ合うのではないかと思うほど接近する。人目が気にならないのかと思うものだが、気にならないらしい。実際この距離では、互いの姿が視野のほとんどを覆っているため、それ以外のものはほとんど見えない。

では相手のことはよく見えているのか、と言えばそうではないから興味深い。相手の顔が目の焦点を結べる最短距離よりも近くにあるため、恋人たちの瞳には顔の輪郭がぼんやり見えているだけだ。

第三者として見ているときも、距離に関して人間はかなり敏感である。例えば、歩いている二人をそばから見ていても、この二人が付き合っているのか、一方的に好きなのか、それとも友人関係なのかをそれとなく読み取れることがある。

夕暮れ。河川敷を歩く若い二人。二人はカップルの距離とカップル未満の距離を行き来する。いたずらに距離を詰めようとすれば、拒絶されるかもしれない。距離を取られてしまうことへの恐れが、もう一歩、いやもう半歩だけ踏み込むのを躊躇《ちゅうちょ》させる。隣の数センチが数億光年先のように遠く感じる、そんな甘酸っぱい青春の距離だ。[3]

数センチで変わる振る舞い

距離には法則があるといっても、それは誰にとっても一定であるという意味ではない。適切だと思う距離には、年齢による差やジェンダーによる差が大きいからだ。例えば、子どもの距離は大人よりも短い。子どもは、こいつは安全なヤツだと気を許すと、知らない人にも途端に近づこうとする。そうしたら最後、手あたり次第「手をつなごう」「抱っこして」「肩車して」とじゃれ始める。

小学校低学年の子どもは、家族という顔見知りの距離の中で生活していることが多いから、こうした距離が基準になって、よそ行きの距離はまだうまく使えないことも多い。こう考えてみると、大人になるということは、社会での距離の取り方を身に着けるということでもある。

こうした事例からわかるのは、私たちの社会は、かなり広範にわたって距離の法則に支配されているということだ。しかもその距離の法則は、状況の諸条件に忠実であり、高々数センチで振る舞いは大きく変化する。

こうした距離の問題を、初めて明確に論じたのが文化人類学者のエドワード・ホールである。

ホールは、一九六〇年代アメリカの多くの都市において人口増加するなか、過度の混み合いが問題を生じうるということを論じた。とりわけ衝撃的だったのは、生物学の知見を基礎として、混み合いが異常な行動パターンを引き起こす原因になるという指摘だ。その上で人間についても都市が過密化することで高じつつあるストレスが、精神疾患の原因の一つになりうると述べている。

文化人類学者であったホールの視点が斬新だったのは、対人関係について論じる際にも、心理的な意味での距離ではなく、物理的な意味での距離に着目したことである。物理距離だから、数センチの単位で計測することができる。ホールは、距離の関数として行動を予測できることを指摘し、ある個体と他個体との距離がどのように構造化されているのかを研究対象とする学問として「近接学」を提唱した。

ホールによれば、距離に関する感覚をもたらすのは、テリトリーを守ろうとする動物としての本能である。過度な接近はテリトリーを侵害する恐れがある。そうした侵害のリスクに対して、動物は闘争か逃走か（fight or flight）の選択を迫られる。つまり、自分が優位であると感じれば相手を脅して逃げ帰るようにするし、それがかなわないとしたら直ちにその場から逃げ去るということだ。その判断を即座に行うことが、生物の生存にきわめて重要である。

人間でも同様の機構が働いているというのがホールの見解である。確かに、見知らぬ人が断りやあいさつなく近づいて来れば私たちは異様さを感じて後ずさりする。こうした行動に、暗黙に距離を保とうとする作用が働いていることが表れている。

密接、個体、社会、公衆

物理距離に着目することで、ホールは生物学的な意味と人間の生活空間[4]における行動法則を結びつけることに成功した。この視点から、初対面の相手との身体接触や親子関係における文化差を距離という統一的な観点から論じたのである。

特筆すべきは、有名な四つの距離帯である。代表的な著書『かくれた次元』では、それまで収集した事例に基づく八つの距離帯を再検討し、次の四つに整理している。

密接距離（intimate distance）、個体距離（personal distance）、社会距離（social distance）、そして公衆距離（public distance）である。

密接距離は、手が届く範囲で行われる愛撫、格闘、慰め、あるいは保護の距離である。好意的な相手には自分の手の内を見せるが、敵対的な相手に対しては取り入られないように物理的な手段で対抗しなければならない距離でもある。

個体距離は、個人がすっぽり包まれた泡状の空間を考え、パーソナルスペース（個体空間）と呼ばれることも多い。また、社会距離（ソーシャルディスタンス）は、パーソナルディスタンスほど注目されてはこなかったが、二〇二〇年の新型コロナウィルス感染症の流行により、たびたび耳にするようになった。

社会距離は、ホールの定義によれば、より近い側は同僚や学校の仲間と作業をするくらいの距離（一・二〜二メートル）であり、より遠い側は校長室の長机を挟んだくらいの距離（二〜三・五メートル）である。学校や会社など、様々な場面において、社会的コミュニケーションの多くがこの距離帯で行われていることがわかる。

さらに遠い公衆距離では、個人は他者から脅かされそうだとわかれば、直ちに逃げるか防ぐかすることができる。また、この距離には公共としての意味合いが強く、演説や講演会でもフォーマルなしゃべり方が使われる距離でもある。

このように、近接学では、距離に応じて様相の異なる対人相互作用が行われるとしている。これは、人と人がコミュニケーションを行う際の距離が、ランダムなのではなく一定の法則に従うということだ。しかも、私たちが知らず知らずのうちに行っている位置取りには、一定の法則があるというだけではなく、それが満たされるべきだという暗黙の要請を受けている。

例えば、少なくとも日本社会においては、友人関係なら密接距離よりやや遠い八〇センチ程度の距離でやりとりが行われるし、そう期待されている。

だからもし、それよりやや遠い一メートル前後なら、その二人は友人なのに「よそよそしい」と感じられる。反対に友人どうしが絶えず触れ合うくらいの距離なら「やたらべたべたしている」と感じられる。

といっても、距離についての取り決めは、互いの了解に基づいて成り立つ。だから、この合意は、やりとりをする参加者のうち、少なくとも一人が従わないことで簡単に破られる。

私の大学院時代の後輩とエスカレーターに乗ったときのことだ。私の段から見て一段下に後輩が乗ったので、少し振り返り半身で話していた。ただ話をしながら「近いな」と気づく。私は一段ステップを上がることで、友人との距離を保った。

ところが彼は、他の人よりも近い距離を好むようで、私に近づくために一段ステップを上がってきた。

友人としての距離を確保するために私はさらに一段上がる。

と、彼もまた一段上がる。

そこで私が「○○くん近いよ、近い」と言ったら、「いいじゃないですか、野村さん」と答えた。

これを見ていた女性に笑われた。このやりとりを最初から見ていたようだ。女性がこのやりとりに対しておかしさを感じたのは、予想した状況と現実の状況との間にずれを見出したからだろう。[5] 彼女は、あえて口に出して「近い」と言ったことをおかしく思ったのかもしれない。それとも無意味なやりとりを繰り返さなくてもよいのでは、と思ったか。

あるいは、こうしたじゃれ合いにも似たやりとりを、いい年をした男性二人でやっていたこと自体におかしさがあったのかもしれない。

こうした事例は、やりとりを行う場面や参加者の関係性にふさわしい距離についての文化的知識を共有しており、同じ文化を共有する者たちは、他者との距離を構造化する一定の法則に暗黙裡《あんもくり》に従うよう要請されていることを示唆《しさ》している。

ホールは『かくれた次元』の中で人前に立つスピーチが、公衆距離で行われるということに言及している。だが、この著作は社会文化的な側面を広く取り扱ったこともあって、劇場に関してはほとんど触れていない。

距離という観点を持つとき、舞台や客席こそ近接学が扱うべき興味深い対象である。なぜなら、後述するように、劇場では日常場面からすれば不自然ともいえる距離があるからだ。しかも距離は、劇場にまつわる周辺的な特徴ではなく、劇場を成り立たせる本質的な要素として存在している。

演者と観客の遠い距離にはどんな意味があるのか。また、狭い客席に多くの観客が座ることがどんな作用をもたらすのだろうか。こうした劇場認知科学に残された距離の問題に対して、私たちはエドワード・ホールが提唱した近接学と出合い、こうした問題を解き明かす準備が整った。

それでは舞台と客席の近接学を始めよう。

第一章　舞台と客席との距離

境界はなぜ必要か

舞台と客席の境界線

本書が取り扱うのは、劇場における距離の問題である。心理的な距離ではなく、物理的な意味での距離である。以下、本書では特に断らない場合、距離は物理距離を指している。とりわけ、人と人との物理距離のことだ。

劇場における近接学において、最初に立ち現れてくるのは舞台と客席の距離の問題である。

舞台と客席には、一定の距離が設けられていることがほとんどだ。これはなぜか。より正確に問えば、両者の距離は常に必要なのか、あるいは、状況によって必要ではないのだが、何か理由があって今は距離を保つように意図されているのだろうか。

劇場は舞台と客席の位置関係によって分類されている。ここに舞台と客席の距離について読み解くヒントがありそうだ。

劇場の形状として代表的なものが、プロセニアムステージと呼ばれるものだ。これは、長方形の舞台の長い辺に扇状に広がる客席が設《しつら》えられている（図1A）。舞台と客席の間に設けられた幕によって、舞台空間が客席からは額縁の内側にあるように見える。額縁とい

図1　ステージの種類と形状

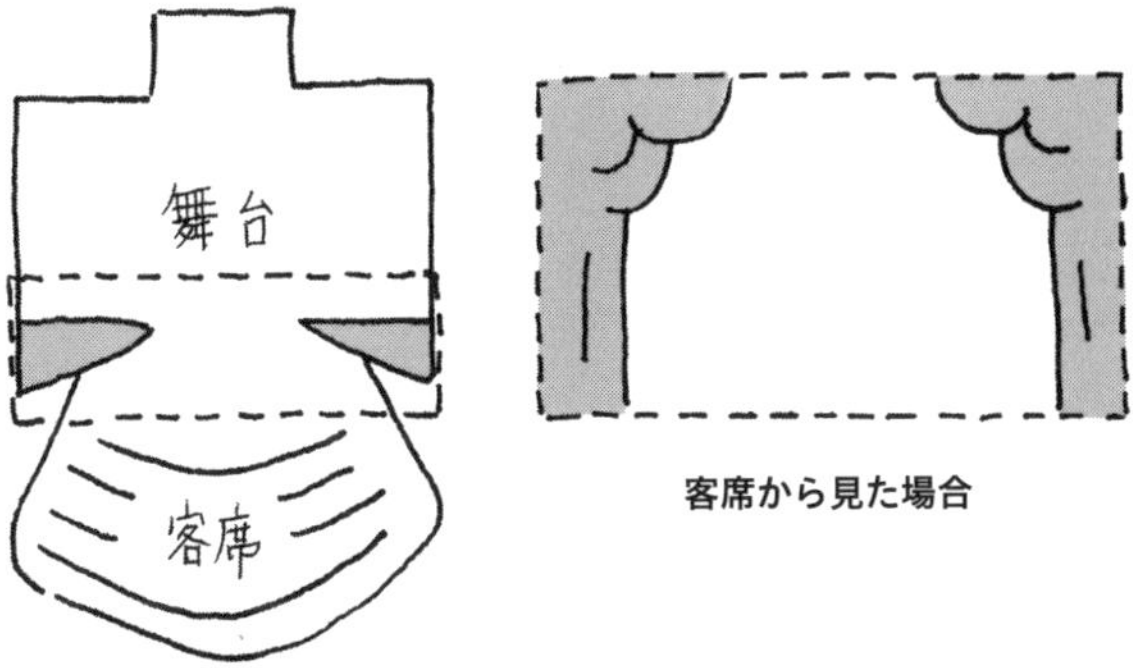

A　プロセニアムステージの例

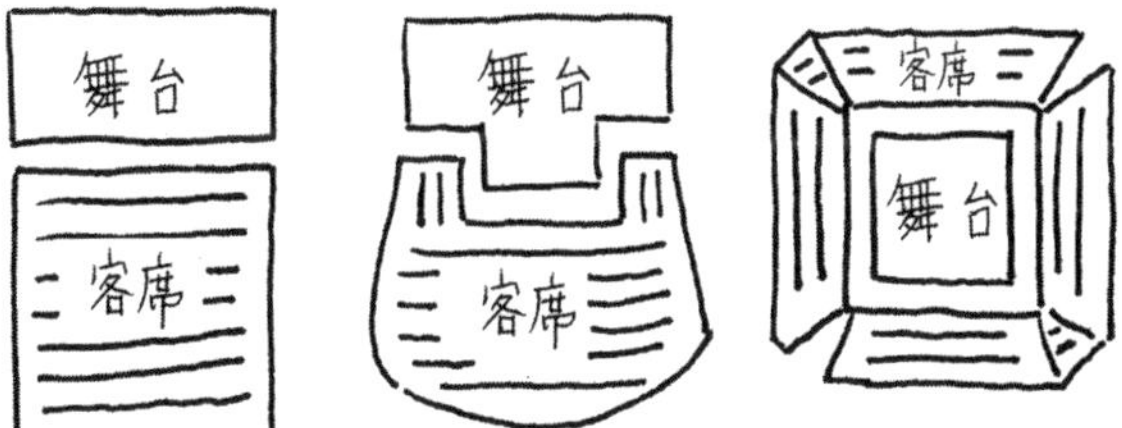

(1) エンドステージ　(2) スラストステージ　(3) センターステージ

B　オープンステージの例

う意味のプロセニアムという言葉が用いられているのはこのためだ。

この形状では、舞台は客席と明確に区別されている。舞台と客席との間には、距離があり、また、最前列からは舞台を見上げる構図になることもあって、隔たりは大きい。プロセニアムステージとは対照的に、舞台と客席の境界を取り除く形式は、オープンステージと総称されている。オープンステージは、舞台と客席の境目を示す幕がないという意味だ（図1B）。

境界を取り払った造りには、いくつかの細かい分類がある。例えば、エンドステージは、長方形の最もシンプルな造りで、舞台の幅がそのまま客席の幅となっている。長方形の箱のような造りで、講義室にイメージは近い。

そのほか、舞台の三方向を客席が取り囲むスラストステージや、四方を取り囲むセンターステージがある。スラストとは、一部がせり出したという意味だ。センターステージは、舞台が真ん中にあることを意味しており、アリーナステージとも呼ばれている。

プロセニアムステージでは、舞台と客席との間に境界が設けられている。また、舞台と客席との間に仕切りがないオープンステージでさえ、双方の領域は混じり合うことなく明確に分けられ、間には少なくとも二メートルの距離が取られる。

ではなぜ、舞台と客との間に距離を取るのか。

もし、単に機材の移動や演出の効果の都合なら、それを効率化すればよい。だから、これは理由にはならない。

実際、多少の機材の移動なら、単純に暗転の間にできるし、大掛かりな大道具であっても、歌舞伎の回り舞台のような工夫で短時間に転換することができる。[6]

また、効率性の問題によるものでなかったとしても、舞台と客席との間の距離がないことに意外性があり、それが十分観客に訴える要素なら、こうした舞台と客席のデザイン自体が公演の売りになるかもしれない。

だがそれでも、舞台と客席が入り混じるような劇場は一般的にはない。ライブハウスなど特定のジャンルの公演が行われる場合を除けば、ほとんどの劇場では舞台と客席との間には、一定の距離がある。

この距離には、もっと本質的な意味があるのだろうか。

劇に曝されないために

劇場では、客は舞台には上がってはいけない。この暗黙の了解を破るためには、マジックショーなどで手伝いを依頼されるというように、演者から明確な指示が必要だ。もし不意に舞台に上がろうとする客がいたら、サッカーの試合に闖入《ちんにゅう》する者のように、警備員に連れ出されてしまうだろう。

一方で気づきにくいことだが、同じ暗黙の了解が演者にも働いている。演者は断りなしに舞台を降りて客席へ向かってはいけない。

舞台を降りて客席を歩くといった演出については後述するが、これはあくまで観客を楽しませる意図からあえて境界を越える演出であり、基本的には演者が舞台から客席に降りるという行為が禁止されている。演者もみだりに舞台と客席の間の境界をまたいではいけないのだ。

舞台と客席の距離はなぜ厳守されるのだろうか。

第一義的には、観客が無防備に楽しむためである。結論を先に言えば、舞台上での表現が生身の観客に直撃したときに生じる衝撃を緩和する機能を距離が果たしている。

そもそも劇場とは、劇が上演される場という意味だ。上演される劇は、まさに劇的な要素を含む公演を総称している。それでは劇的とは何か。

「劇」という漢字は、二頭の猛獣が爪を立てながら、もみ合っているさまを表す。二頭の猛獣の争覇の姿、それは想像するだに激しい絡み合いである。「劇」の字は「劇薬」からもわかるように、人間に対して及ぼす作用の激しさを表している。

また劇作家、木下順二は著書『〝劇的〟とは』（岩波新書）において、ギリシャ悲劇「オイディプス王」を引用しながら、劇の登場人物が近づこうとすればするほど、遠ざかってしまう自己矛盾が劇的なのだと述べている。それは銭湯で汗を流してさっぱりするというような、単純なカタルシスの快楽とは明らかに異なるという。

こうした、人間が本質的に持っている自己矛盾を突き付けることで、表現は人の心を揺り動かし、時に視点の転換を強烈に求める。そうした劇的な作用をもたらすのが、劇だというのである。

それゆえ、観客が劇にそのまま曝《さら》されるのは危険だ。

距離はこの作用を緩衝《かんしょう》する。物理的な距離があることで、観客は生身の人間として情動の嵐を避けることができる。いま自分の人生を生きている人間を客席に残したままで。舞台を見渡せる距離ならば、登場人物を俯瞰《ふかん》する「神の視点[7]」から見ることができる。ここからなら、観客は舞台で起こる劇的なことに対しても当事者として巻き込まれることなく鑑賞できる。劇的な表現を目の当たりにした観客に急性の症状が現れないように、劇場では舞台と客席との間に距離が保たれているのである。

客席と舞台の距離は、特に舞台で生身の人が演じる場合に必要となる。映画のようにすでに撮影・編集されたものがスクリーンに映る場合には、観客は心配せずとも表現から守られている。映画から生身の人間が飛び出してきて、観客に危害を及ぼす危険性は限りなく低いからだ。

同型の問題として、社会学者ノルベルト・エリアスは、著書『参加と距離化』（法政大学出版局）の中で、社会科学における距離の問題を論じた。

研究者もまた人間である以上、彼ら彼女らが当事者にもなりうる社会科学では、自然科学とは違って、研究対象と自らの距離が保たれるという保証はない。だから、もっぱら人間どうしの関係を取り扱う場合、当事者として巻き込まれることを避けるため、対象との間に一定の距離を保つ装置が必要になるという。それをエリアスは参加と距離化（ドイツ語でEngagement und Distanzierung、英語ではengagement and distancing）の軸で論じたのである。社会科学者自身が生身の人間として巻き込まれるのを避けるため、現象に接近し参加する姿勢と同時に、距離を取るよう調整する距離化（ディスタンシング）が必要だと指摘している。

劇場では、距離化のための具体的装置が、舞台と客席の間の距離である。とりわけ生身の人間が現れる演劇では、舞台と客席との区別があいまいだとすると、観客はいつ当事者として巻き込まれるとも限らない。そうしたリスクを低減して、観客が安心して鑑賞するためには、舞台との間に緩衝のための空間が不可欠なのである。

パフォーマンスと狂気

繰り返しになるが、ここでいう「距離」は比喩《ひゆ》ではなく物理距離のことだ。たとえ劇中の登場人物であっても、狂気の人が舞台から客席に降りてきたとしたら恐ろしい。演者が観客のテリトリーを侵すほど接近してきたら、劇場で再現されている物語の世界は一気に崩壊し、観客は一生物として、闘争か逃走かの判断を迫られる。

では実際のところ、舞台と客席との間に距離が取られていない場合、どうなるのか。こんな例から考えてみたい。

フラッシュモブという表現形態をご存じだろうか。フラッシュモブとは、いわばゲリラ的なパフォーマンスで、不特定多数の人々が演者として参加する形式のものだ。演者はあらかじめ示し合わせておいて、初めはあたかもたまたま居合わせたように振る舞う。しかし、合図をきっかけに、一斉にパフォーマンスを始める。曲に合わせて踊ったり、アクロバティックな技を決めたりするのが定番だ。

一瞬にして、日常が非日常になる。その意外性やインパクトが好評で、一時期はフラッシュモブでプロポーズを申し込むというのが流行した。

既存の社会集団には属さない人々が、一足飛びにつながり、思い思いの活動に参加することは、野火的活動とも呼ばれる。[8] 二〇〇〇年を過ぎたころから、野火的活動としてのパフォーマンスアートが頻繁に見られるようになった。

これは、劇場の中で行われ、特定の演者と観客に「閉ざされていた」表現をすべての人へ開放しようという、芸術的視点が前面に押し出された社会運動である。

パフォーマンスアートも一枚岩ではないが、こうした運動が概して標榜《ひょうぼう》するのは、あらゆる人生は各々が演じるパフォーマンスだとみなすことができるという、一種のグランドセオリーである。通底するのは、人間は演じているがゆえに、現状がどうあれ、何者にでもなれるという哲学だ。

実践的な哲学者たちは、場所としての劇場に固定されてきた表現を、あらゆる生活の場を楽しむべき場に広げようというかなり大胆な目論見を立てた。病院や福祉施設、学校、大学など、公的でいわゆる真面目なモード[9]が当たり前だと思われていた場所を新しい意味での劇場にしようというのである。

こうした哲学の、一つの実践のかたちがフラッシュモブである。

フラッシュモブなら、これまで舞台に立ったことがない者でも、気軽に演者になることができる。みんなで一斉にパフォーマンスをするから気は楽だ。しかも、これまで知らなかった自分が開かれていくように感じて、何より楽しい。

　こうした表現者側の視点から語られることが多いパフォーマンスアートだが、その一方で、こうした実践の形式は観客にはどのように作用するだろうか。

　たまたま居合わせた人たちが、一斉にパフォーマンスを始める。申し合わせたことを知らない人たちは戸惑い、たじろぐ。その場にいた人たちの中でも、これがパフォーマンスだと認識して、何かおもしろいことが起こるぞと思える人やすでにフラッシュモブという形式を知っていたのなら楽しむことができるだろう。しかし、共通の約束を持たない、ただ居合わせただけの観客にとっては、大勢の人が一斉に踊り出すのは一種の狂気である。日常に突如として現れる狂気とはこういうものだろう。

　例えば、都会の地下鉄駅には多くの路線が乗り入れていて、乗客は乗り換えのために先を急ぐ。乗り換えようとする電車の扉がまもなく閉まるという駅のアナウンスを聞いて、大人たちが一斉に全力で走り出す。こうした行動を見慣れている駅の利用者には意味がわかるが、その日上京してきたばかりの者にとっては、狂気といわずしてなんといえばよいだろうか。

　いうまでもなく、フラッシュモブでは、パフォーマンスが行われる場所と観客がいる場所との間に明確な境界はない。いわば舞台と客席は入り乱れて隣接している。これが恐ろしさを感じる本質的な理由である。

この演客雑居がもたらす狂気性は、劇場で保たれているような距離がないゆえに、演者が果たして演じているのか、それとも生身の人間なのかを簡単には区別できないことに起因している。

一つの思考実験として、フラッシュモブで、社会的な問題を取り扱ったらどうなるかを考えてほしい。また、これが誘拐《ゆうかい》といった犯罪をモチーフにした表現ならどうか。

行為の意図がどうあれ、その場に居合わせた者（いわば観客）から見たとき、「演じている」ことと「(生身の）演じていない」ことの違いは容易には判断できない。例えば、誘拐犯らしき人物が「私は役者でこれは演技でした」と述べたところで、「それは署で聴こう」という話にはならないか。

舞台と客席が隔てられた劇場であれば、こうした事態は回避できる見込みが高い。それは、舞台を一種の箱庭として取り扱うことができるからだ。そこで起こっていることは、仮想のこととしてカッコに入れてしまえる。

事実、先の例でも大勢の人が走り出すのに驚いて、上京者が一気にパニックに陥るという場面を舞台で描けば、それは一種の喜劇として仕立て上げることができる。

それもこれも距離のおかげで、観客は安心して表現を楽しむことができるからだ。舞台と客席の距離は、劇場では劇的なことが上演されることを見越して、生身への衝撃を緩衝する空間としてデザインされている。

緩衝空間があることにより、演者と観客との間には個人距離――他者から暴力的に自由が侵害されるおそれのあるテリトリーの範囲――よりはるかに遠い公衆距離に保たれる。この安心感のおかげで、舞台上でよっぽどのことが起きても、客席にいる観客はそれを無防備に楽しめる。

これが観客に、気兼ねなく存分に心を動かす準備状態を作るのである。

観客の欲求と演者の自由

「舞台と客席との距離が緩衝のためにある」という私の主張は、どの程度まで正しいのだろうか。本論へ表明される典型的な反論や疑問を足がかりにして、批判的に見てみよう。

まず思いつくのが、舞台と客席という区別がない日常は、劇的ではないのかという指摘だ。この問いは、直感的には妥当に見えるが、論理的には必ずしも正しくない。

日常には劇的なことはむしろ遍在していて、私たちはいつもそうしたリスクに曝されている。だから私は、日常に劇的な要素が存在しないとは主張していない。この問いを発した人の理解と同じく、日常は劇的なものにあふれていると考えている。

むしろ私たちは日常では、激動の中を生きるしかない場合がほとんどだ。

そうであるにもかかわらず、私たちの日常には劇場のような緩衝空間は存在しないから、安心して過ごせるとは限らない。

それが人生だ。現実の生活の中に「事実は小説よりも奇なり」ということも、日常は劇以上に劇的だということも十分ありうる。

だからこの反動として「劇的なものが突きつけられる場として設計された劇場くらいは、できるだけ安心して無防備に表現を楽しみたい」という欲求が観客に生まれる。

要するに、日常では守られているとは限らない。だから、劇場だけは守られていたい。そうすることで、少なくとも劇場の中でだけは、私たちは観客として無防備に劇的な表現を楽しむことができる。ここで主張しているのは、要するにこういうことだ。

別の批判的な意見も取り上げよう。

巷《ちまた》の公演を眺めてみると、アイドルが行うライブや中高年をターゲットにした歌謡ショーといった、ただ純粋に楽しむための娯楽としての公演は多い。これらもまた上演芸術である。

だが、こうした公演には、木下氏が〝劇的〟と指摘する「視点の転換」を突き付けるような表現は含まれないのが普通だ。とすれば、私の指摘する緩衝空間としての舞台と客席の距離は不要なのではないか。もっといえば、そんなもの取っ払ってしまえばいいではないか。

ところが、現実の公演を眺めると、そうなってはいない。なぜか。

これに答えるには、まだ論じていない観点が必要だ。少し補足しよう。

先ほど、舞台と客席の距離が保たれるのは、第一義的には観客が無防備に楽しむためであると述べた。ここまでに変更はない。しかし、この説明には続きがある。

舞台と客席の距離が保たれるのは、第二義的には、演者がやすやすと観客の支配下にならず、自由であるためである。

舞台と客席の距離がなく、演者と観客が入り混じる状況では、両者は個体距離より近接する。数百や数千の観客のただなかにあると、その圧倒的な数によって生じる力の前に演者は無力である。

演者が観客を魅了するのは、その膂力《りょりょく》によってではなく、表現の訴求力によってである。ほぼゼロの距離では、物理的な力をふるうことはできても、訴求力を放つことができない。

蝟集《いしゅう》した観客にまったく悪意がない場合でさえ、演者はもみくちゃにされ、表現どころではなくなってしまう。

演者はその名に表れているように、演じることで劇場に空間を占めることができる。だから、舞台と客席に距離が保たれることがなければ、演者はすぐに観客の手の内に陥り、演者としての振る舞いができなくなってしまう。すると、演じる自由を奪われた演者は、演じるアイデンティティを失い、もはや何者でもなくなる。

こうはならないように舞台と客席の距離がある。距離は演者を保護するための距離化の具体的装置でもある。

舞台と客席の距離の意義は、第一義から第二義が派生したのであろうが、現在このどちらの意味で距離が必要なのかは急速にあいまいになってきている。

演者を好ましいと思うにせよ疎《うと》ましいと思うにせよ、関心を持つ観客は、演者に近接しようとする。もし劇場の舞台と客席の間に物理的な緩衝空間としての距離がなければ、ちょっとしたきっかけで観客は演者に殺到し、演者の自由を奪うことができる。

現代では、観客はＳＮＳといった手段で発信することができるようになった。だから、ポジティブなこともネガティブなことも、観客が素朴に感じたことを緩衝装置のない日常の世界で発することができるようになった。

こうした時代には、演者を保護する第二義の作用のほうがむしろ劇場を維持するために重要な役割を担っているのかもしれない。

舞台から客席へのダイブ

この説明を聞いてなお、様々な上演芸術を鑑賞する識者なら、こう主張するかもしれない。

典型例を考えれば私の主張もわかるが、世界には皆が座席に座るお行儀のよい劇場ばかりがあるのではない。舞台と観客の距離がない状況や両者が乱雑に入り混じる状況があるではないか、と。だから、第一義だの第二義だのと論じること自体が無益ではないか、あるいは、距離にそもそも意味などないのではないか。そうした疑問を抱くかもしれない。ありていに言えば、観客が安心するためとか、演者が守られるためとか、そういう方便が成り立たない混沌《こんとん》とした状況があるではないか、という指摘だ。

なるほど、そうした状況で上演される表現があるのは間違いない。しかし、演客混然という状況は、批判的な論者が言うように舞台と客席の距離が無意味であったり、無価値であったりすると指し示すことはない。

むしろ演客混然が圧倒的に強い印象を与え、観客を感激させるために、距離に重大な意味があるということを逆照射的に浮き彫りにする。

より丁寧にいえば、舞台と客席の近接が演出として成り立つのは、距離の重大さが前提にあるからだ。舞台と客席の距離をなくすことで、演者と観客との接近を許すことは、象徴的に〝距離の零化〟として一層特別な意味を持つようになる。

ある種のロックバンドでは、ヴォーカルが舞台から観客群へとダイブする。演者が身を投げ、観客が受け止めると、演者と観客の距離はゼロになる。ここでも改めて注意していただきたいのだが、ここでいう距離は比喩表現ではないということだ。ダイブする演者は現に身を委ね、観客は現に演者を受け止めている。そこで演者は、観客の肌へ直接に表現を塗布するのである。

その瞬間、火照った身体、汗のにおい、手に感じる重みという、普段演者と観客の間では使われないチャンネルを使ったコミュニケーションが生じる。そのいずれもが密接距離で優勢となる肌のセンサーで知覚されている。

舞台を離れて客席にダイブすることは、二重の意味で侵害行為である。

第一に、舞台と客席の距離を保つという劇場の文化的コードから逸脱している。形式上、舞台と客席は隔てられているものであり、それを越えることは原則としてできなかった。

それを破るのが客席へのダイブである。

侵害行為のもう一つの意味とは、ダイブが親密な相手でなければ相手のテリトリーに入ってはいけないという、対人関係上の基本ルールの違反になっているということだ。ヴォーカルがダイブしたとき、演者と観客の距離はゼロだ。身体を持った演者が、偶像ではなく、まさに肌を触れ得る身近な存在になる。

ヴォーカルの身体を受け止め肌で感じる観客は、演者のテリトリーに入り、まして接触することが許された特別の存在であることを無自覚の内に受け入れる。

それを愛撫による恍惚《こうこつ》とするか、あるいは単に優越感とするかは論者によるだろうが、いずれにせよ観客は隔たりがあったときには感じえなかった圧倒的な強度の感情を経験することになる。その強度が強いのは、劇場の文化的コードを破るという以上に、個人の振る舞いを支配する、距離の法則を打ち破る行為を肌で体験するからである。

ダイブは、そうした演出がよく知られる以前は、演者が一種トランス状態に入ることで、偶発的、突発的に生じたのであろう。だが、舞台と客席の無距離化あるいは、距離の零化は観客を感化する力が相当に強いため、演者と観客の個人的なつながりを演出する常套《じょうとう》手段として、装置として、頻繁に利用されるようになった。

こうして儀礼化されたダイブは、形式こそロックではあるが、予定調和的ともいえる定番のコミュニケーションとして継承されてきた。もはや文化として定着しているから、現代に生きる若者にとっては、それほど象徴的な意味を感じないかもしれない。

ロックの表現の歴史について論じる知識を私は持ち合わせていないので、その仕事は他の愛好家に譲るが、こうした視点自体はなにもロックに限られたものではないことを指摘しておこう。

距離の零化とタブー

ミュージカルで客席に入っていくことや演歌歌手が客席で握手をするのもまた、舞台と客席の距離を零化する演出である。もちろん、その表現手段も、また演出によって得られる効果もダイブに比べればかなりマイルドである。

それであっても、演者と観客との関係性は物理的に変化する。なにせ観客にとって、憧《あこが》れの存在である演者のテリトリーに入ることが許され、まして、接触することまで許されたのである。

普段は近づくことさえ許されていない舞台から演者が降りてくることに意味がある。観客にしてみれば、これまで手の届かない存在であった演者に触れるのだ。握手をする瞬間、家族や友達以上に身近な親密な関係にあるのではないかと感じる。

視覚や聴覚が光や音という媒質を通して伝わるのに対して、触覚や温覚は、肌を通して感触や熱が直《じか》に伝わる。この意味で、最も確度の高い感覚である。

だからこそ、距離の零化は、通常であれば触れることはかなわない者に触れることが許される事態で、象徴的に一層特別な意味を持つ。

距離を零化することが象徴的な意味を持つこと自体は、多くの人が直感的に理解できるだろうから、説明の必要もないかもしれない。ただ、混乱を避けるためには、心理作用として生じる象徴的な意味での距離と、物理距離の区別をしておくことは重要であろう。

その差に注意して、なぜ舞台を降りる演出を繰り返してはいけないのかを指摘してみたい。

結論から先に述べれば、それは舞台と客席の隔たりをなくそうという一時的な目論見のために、演者を過度に大衆化してしまうからである。

ジャンルによって程度の差はあるにせよ、舞台に上がった演者は、観客から見れば象徴的な意味で「手を触れることが許されない存在」である。「手を触れることが許されない存在」には、実際に手を伸ばしてはいけないという劇場の文化的コードにより、たかだか数メートルから数十メートルの距離が、絶対的な距離であるかのように感じさせる心理効果をもたらす。

つまり、その象徴的な意味は、物理的に隔てる距離によって実体が与えられ、また、保たれ続けているのだ。

それゆえ、舞台と客席の間では、手を触れる密接距離はもちろん、個人距離の近接相に入ることさえタブーになっている。なぜなら個人距離より近いというのは、何か意図をもって相手を制してしまおうと思えば、それが可能になる距離だからだ。端的に言えば、距離が、舞台に立っている者が特別な存在であることを担保するのである。

距離を零化する演出は、こうした一種のタブーを破る行為である。では、こうしたタブーが破られるとどうなるだろうか。それを知るヒントは、劇場の外にある。

日本には、数多くの神社がある。神社には様々な神が象徴的な意味で「見ることが許されない存在」として祀られている。ご神体を見るということは、神の威光を無暗に乱してしまう乱暴な行為である。お守りの中身を見てはいけないのも同じ理由だ。

「見るな」の禁忌を破ってしまうのは、洋の東西を問わず様々な物語の原型として散見されるのだが、その結果、禁忌を破った者は、罰せられたり、傷を負ったり、年老いてしまう[10]。しかしそれだけではない。禁忌を破った者がそうした劇症を被ると同時に「見るな」と命じた者もまた、老いて朽《く》ちてしまったり、冥界に引き戻されたりすることで、その絶大な力を失ってしまう[11]。

タブーを破る行為は、両者が同時に身を亡《ほろ》ぼしてしまうのだ。すなわち、「見ることが許されない存在」を見る、という本来あってはならない関係性を持ち込んでしまうと、そこにあった象徴的な意味は、瞬く間に無に帰し、奪い去られてしまうのである。

劇場における「手を触れることが許されない存在」も同型の問題をはらんでいるのではないか。つまり手を触れることは、舞台と客席の距離という隔たりによって保たれていた象徴的な意味を奪ってしまうということだ。

演客雑居の状態は、象徴的には「手を触れることが許されない存在」に手を触れてはならぬという禁忌を破り、それゆえ本来ありえない体験として観客に強い感激をもたらす。だが、同時にこれは、観客と演者とが互いに手の湿度や温度という肌の感覚で確度の高いコミュニケーションを行うことを意味する。

それが一度や二度の間は、舞台と客席が隔てられていたときに存在していた「手を触れることが許されない存在」を肌で直《じか》に感じるという至極の体験を観客は得るだろう。

だが、コミュニケーションを成り立たせている感覚の確度ゆえに、手を触れることは、演者が観客と同じ人間であるという現実的な意味を与え、象徴的な意味を毀損《きそん》するか、少なくとも変質させてしまう。それでは、観客との間で緊張関係を保つことは難しい。演者が客席に降りて握手をしたり、声をかけたりする演出が、たかだか二度程度なのは、象徴的な意味が変質した末に、まっさらに拭い去られてしまうのを防ぐためである。

人間は、二度同じことを経験するとパターンを認知する傾向にあることがその原因の一つである。一度、二度と同じことが起こり、次にまた同じことが起これば、それはもはや一定のパターンを成すとはっきり確信してしまう。これが人間の特徴である。

例えば、一人や二人からうわさを聞いても信じないが、三人からうわさを聞くとそれはもはや真実のように思える。「三人市虎《さんにんしこ》を成《な》す」という故事成語もこの傾向を表している。ほかにも、漫才やコントで二度の同じ言動が示され、三度目にパターンと異なる言動を発することで笑わせる「三段落ち」と呼ばれる構造が成り立つのもこのためだ。

距離が保たれることによって神聖化されていた演者の「手を触れることが許されない存在」という象徴的な意味は、体温という確かな感覚により拭《ぬぐ》い去られ、演者は現に手を触れることができた存在へと変容してしまう。これが、一度や二度ならず、三度、四度と繰り返されることになると、演者はもはや観客と触れ合うことができる市井の人として、一気に大衆化してしまうのだ。

それは、あたかも絶対的な心理距離から触れることができなかった天女《てんにょ》を地上に引き降ろすようなものだ。天女は距離が持つ象徴的な意味を奪われると、羽衣《はごろも》という天空との行き来の手段を失い、天女から市井の一人となる。

この観点からみれば、これまでありえなかった「触れ合える」アイドルが一世を風靡《ふうび》したのは必然だった。ファンにこれまでにない感激を与えたからだ。

だが、二〇〇五年ごろからファンとアイドルが握手するシステムが確立し、何度も繰り返されたとき、アイドルの象徴的な意味が少しずつ拭い去られていくことも同時に組み込まれていた。体温を伝える握手が、多くのファンにとって「触れることが許されない存在」という象徴的な意味を、繰り返し減じ続けたからである。

手に体温を感じるたびに、象徴的意味が強化されるという選ばれし幸福なファンを除けば、触れ合えるアイドルは多くの人にとって市井の人になった。天降《あも》る天女のように。

距離を縮める・伸ばす演出と意味

距離の零化によって象徴的な意味を喪失してしまうのは避けつつ、演者と観客との関係を変化させるより現実的な方法は、公演の最中に距離を縮めたり、伸ばしたりする演出である。

これを実現する一つの重要な観点は、劇的であることを緩衝する空間は演者と観客を隔てるものであるが、これは同時に演者と観客を接続するものだということだ。

演者と観客の距離を変化させることによって、観客に一体感を持たせることが可能になりそうだ。

子ども向け番組のダンスの演出では、演者が客席と客席の間の通路を通ることは多い。そのままでは公衆距離にある演者と観客を、すっと手を伸ばせば触れ合える個体距離へと意図的に変更する演出である。

歌舞伎の花道もそうだ。役者が客席の間を通ることによって、舞台上の出来事は、客席近くで起こることの延長に位置づけられ、より「身近」になる。

「大向《おおむこ》う」と呼ばれる二階席から「成田屋《なりたや》」「音羽屋《おとわや》」と屋号を呼ぶ掛け声は観客の行為だが、すでに演出の一部として取り入れられている。客席の奥まで舞台が広がっていくという距離の演出だ。

会場に数万人集まるジャニーズのライブでは、もっと大掛かりで、舞台自体が客席の上を通過する装置が用いられている。これは、実際的にも、概念的にも舞台を進化させた。舞台の移動により、舞台と客席との距離は固定されたものではなく、伸び縮みできることを示し、演出の一つとして確立したからである。

『本朝《ほんちょう》廿四孝《にじゅうしこう》』という歌舞伎・浄瑠璃《じょうるり》の演目の十種香《じっしゅこう》の段で、香りの演出がある。以下は、私が担当する「劇場認知科学」ゼミのレポートとして、ある学生が提出した内容だ。非常に巧みな表現であるので、許可を得て引用してみたい（ルビは筆者による）。

その場所に漂う特有の匂いは、景色や人物と共に記憶され、その時の情景だけでなく感情までよみがえる。体験に添えられ、記憶された匂いは、それを嗅《か》ぐことで、当時の情景や感情を鮮明に思い出させるきっかけになり、私たちは、しばしこの感傷に浸るのである。

（中略）

浄瑠璃でも演じられる演目の「本朝廿四孝」がそれである。「十種香」の場面では、主人公の八重垣姫《やえがきひめ》が、婚約者である勝頼《かつより》の訃報に悲嘆し、十種香を焚《た》いて読経する場面がある。

この場面では、実際に演者が舞台の上で香を焚き、その香りが客席にまで漂ってくるのである。観客は、舞台上の八重垣姫と同じ匂いを感じることで、より深く物語に感情移入し、その世界に引きこまれてゆく。

香りが印象強く用いられるこの演目では、演者と観客を隔てるはずの空間を十種香が演者と観客を接続する空間に変化させていく。香りが持つ空間特性により、空間を漂いゆっくりと静かに舞台と客席をつないでいく。視覚情報や聴覚情報とは異なり、急速に転換することはない。

対人コミュニケーションにおいては、視覚・聴覚・嗅覚・筋覚・温覚などが用いられるが、その中でも嗅覚情報は、四つの距離帯のうち密接距離で最も頻繁に使われる感覚である。二〇センチくらいまで近接していなければ、通常相手の匂いはわからないからだ。

十種香の演出においては、香りという嗅覚に依存する手法を用いることで、遠いはずの舞台までの距離が客席から近く感じられる。レポートを書いた学生が指摘したように、「観客は、舞台上の八重垣姫と同じ匂いを感じること」により八重垣姫の心情を思い量り、悲嘆する気持ちに共感して物語の世界を非常に近接して感じられる。

香りを用いる繊細な演出は、決して観客に押しつけるものではなく、おのずと観客の心理距離の変容を導く巧みさがある。香を焚くという行為が、八重垣姫の心情と深く結びつく内容であるだけに、実に見事な演出である。

第二章　客と客との距離

伝播する集合的感情

驚くほど「近い」

舞台と客席が公衆距離であるのに対して、観客どうしは驚くほど近接している。

劇場の座席に関する法律上の基準を調べてみると、椅子の間口は「芯々《しんしん》四二〇ミリメートル以上」とある。[12] これは、ある座席と隣の座席について、座面の中心線どうしの距離を四二センチメートル以上取らなくてはならないという意味である。

あくまで法律上の基準だから、座りやすさなどを考慮して実際にはいくぶん大きく座席が作られているのだとしても、それでも観客どうしはあまりに近い。

四二センチといえば、気をつけておかなければ肩が触れてしまう。ということは、腕を伸ばせば、隣の人の肩を抱けるくらいの距離だ。

つまり、観客は互いに肩が触れ合う密接距離にあるわけだ。この密接距離とは、すでに相手のテリトリーの内側に入っていることになる。見知らぬ間柄であれば、この距離は通常あり得ないくらい近く、できればスペースを空けて個体距離を取りたくなる。

相手のテリトリーの内側にいるというのは、自分のテリトリーが侵害される危険性があるということでもある。エドワード・ホールが指摘するように、手を伸ばせる距離は、個体距離より少し近い。これは、「当事者が自分の手足で他の人に何かをしかけることができるということから成り立っている。この距離では相手を抱いたり捕まえたりできる（ホール『かくれた次元』）距離である。もし、相手のテリトリーの中で弱みの〝手の内〟を見せてしまうと、相手にたちまち優位性を奪われてしまう。だから手を伸ばせる範囲に見知らぬ相手が来るのは、居心地が悪い。

ではなぜ劇場では、客席どうしがこんなにも近いのか。近くなければならない理由はあるのか。理由があるとすれば、どういう意味を持つのか。逆に、客と客との距離を広げてしまったら、何が起こるのだろうか。

協調する身体

そのヒントはどうやら、人間が持つ身体協調の傾向にありそうだ。人間には、他の人の振る舞いを見ると、意図せずともそれに合わせて協調してしまう傾向がある。しかも、この協調の程度は、距離が決めている。

日常に目を向けてみると、近い距離にある親密な恋人どうしは向き合いながら、知らず知らずのうちに相手を真似《まね》ている。恋人でなくとも好意を持つ相手を自覚のないまま真似てしまうことがある。このとき、真似されたほうは、気づかないうちに真似をしてきた相手に好意を持つという。これは相手の色に染まるという比喩《ひゆ》で、「カメレオン効果」と呼ばれている。[13] 一方的な愛でなければ、向かい合って語らう恋人たちは互いに行動を真似て、愛情を深めていくことになる。

母子関係に着目した身体運動協調の初期の研究では、母親と乳児との間にコールアンドレスポンスの関係が見られた。[14] 声や表情による働きかけに相手は運動で応えるのだ。これは、母親からの一方的なものではなく、乳児の働きかけに対して母親が行動を起こすという関係も見出されている。

歩行の「引き込み」現象も知られている。[15] いわゆる「お見合い」現象である。道を歩いているとき、脇道から突然、人が出てきたとしたらどうするか。衝突しないようとっさに避けようとするが、相手も同じ方向に避ける。しょうがなく反対側に避けようとするのだが、相手もまたそちら側に避けようとしてしまう。何回か繰り返してようやくすれ違うことができる。

お見合い現象が生じる厳密なメカニズムは不明だが、鏡像関係にある相手の視覚情報に対して、意図せず協調してしまうためではないかと言われている。うまく避けるためには見えている動きに対して逆の動きを生成しなければならないが、身体がついていかないというのだ。

これは、あたかも後出しじゃんけんをして、あえて負けるように手を出すかのようだ。普段とは異なる行動を取ろうとすると、日常的で当たり前の行動を控えなければならず（抑制しなければならず）、そのぶん難しい。

ストリートダンスでよく見られる、アップダウン（膝《ひざ》を使った上体の上げ下げ）という基礎的な運動を見ても同じような現象が起こる。[16]この動きそのものはシンプルなので、初心者でも手本に合わせて動くのは簡単である。ところが、アップダウンの動きを手本の人とは逆にして、裏拍を取ろうとすると一気に難しくなる。

初めはうまくできていても、しばらくすると手本の人と同じく表拍でアップダウンしだしてしまう。ダンスを四、五年やっている中級者といわれる人たちでも、テンポが速くなると、ある時点で突如、表拍になってしまう。

これは「運動の相転移《そうてんい》」と呼ばれている。膝が縮んだ状態と伸びた状態の周期でいえば、ある速度で急に「逆相同期」から「同相同期」へと転換してしまう。逆相同期とは、周期が半テンポ分だけずれた同期のことである。対して同相同期はずれもなく、ぴったり同じ動作をしている同期のことだ。

逆相同期も同じテンポが取れているという意味では同期に違いないのだが、手本の人の膝が縮んでいるときに自分の膝は伸びているために、伸縮のタイミングは正反対である。

だから、ここでいう運動の相転移とは、初めは裏拍を取って逆相同期であったはずなのに、テンポがある特定の速度を超えた途端に、表拍を取ってしまう同相同期へと瞬時に状態遷移することを指す。

しかも、相転移には奇妙な特徴がある。それは、次第に速くしていったときに相転移が起こるテンポと、逆に遅くしていったときに相転移が起こるテンポは必ずしも一致しないということだ。次第にテンポを上げていき逆相同期から同相同期に至るパターンでは、かなり速いテンポで生じる。反対に次第にテンポを下げていき逆に同相同期から逆相同期へと移ろうとするときには、より遅いテンポになるまでうまくはいかない。

こうした不一致は「ヒステリシス」と呼ばれ、物理現象にも共通する現象である。[17]「お見合い」現象と同様にダンスのアップダウンでも、裏拍を取るためには、目に見えるとおりに動いてはいけない。視覚情報を使ってタイミングを合わせながら、それとは逆の動きをしなければならない。

意図的に動こうとするダンスでは、逆に動こうとしてもテンポが速いといった条件がそろえば、すぐに同相同期になってしまう。これに対して、客席の観客は、動きを合わせようとも外そうともしていないのだが、視界に入る前方の観客の動きに知らず知らずのうちに影響を受けているということは十分ありそうだ。

爆笑や熱狂を支えるもの

ここまでは対面の場合について見てきた。では、横並びの関係ではどうか。実際の客席に関する定量的研究は限られているので、少々専門的な話になるが、「横並び」についての興味深い実験をご紹介したい。

対人相互作用を通した同期形成の研究で有名なミカエル・リチャードソンの実験がある。[18]この実験では、六台のロッキングチェアを直径二・五メートルほどの円状に内側を向くように配置し、前後に揺れる動きに着目して同期を調べている。

実験参加者となった学生は、ロッキングチェアを揺らし始めるのだが、初めは各自が独自のタイミングで始めるのでバラバラに揺れている。[19]ところが、目を開いている条件では、次第に前後に揺れるタイミングが同期していった。

指揮者はいないので、誰に合わせるでもない。それにもかかわらず、一五秒程度で同相同期に至ったのである。

揺れを定量化し、角度に置き換えることができるようロッキングチェアが選ばれているので、同相同期の程度も計算できる。この実験では、平らな地面に対して鉛直（z軸）方向にどれくらい移動しているかという情報を使って数値化した。

リチャードソンらは、同期の程度を、ロッキングチェア一台を一つの点に割り当てて、それらの点が連れだって動くのか、それともバラバラに動くのかに注目して定量化した。この定量化指数は専門的には「蔵本秩序パラメータ」と呼ばれている。

この指標の前提にある蔵本モデルは、振動するものが有する情報のうち振幅については思い切って捨象《しゃしょう》し、角度だけを取り扱うものである。だから、蔵本秩序パラメータも角度のみを使って計算される。なお、計算を単純化するために、半径1の円を使って表現する。

ロッキングチェアのデータでは、静止状態から前方に揺れて（z軸方向に高くなり）初期位置まで戻るのを一八〇度、さらに後方に揺れて（z軸方向に低くなることで）再び初期位置に戻るのを三六〇度に対応させ、各時点での状態を角度で表現した。もし、六台のロッキングチェアが同じタイミングで揺れていれば、角度に対応した単位円の円周上の点もまた同時に〇度を通過することになる。

ロッキングチェアが互いにどれくらい同期しているかを知りたければ、円周を移動する点群の重心から円の中心までの距離を求めればよい。なぜなら、六台のロッキングチェアが、寸分の狂いなく完全に同期していれば、点群の重心もぴったり円周上にあり、重心の中心からの距離は1に等しい。

対して、六台がバラバラであれば、重心は円の内側に位置する。特に六台が正確に六〇度ずつずれていれば、重心は円の中心にぴたりと一致する。実験では、ロッキングチェアどうしの角度が完全に一致したり、完全にバラバラな状態で落ち着いたりはしないから、重心は円周に近づいたり遠のいたりして、重心から円の中心までの距離は、0から1の間の値を行き来する。

ざっくりとした理解ならこの概念的な説明で問題ないが、定義式により忠実にいえば、各ロッキングチェアの角度から平均角度を算出し、平均角度からのずれを使って重心を計算するという説明になる。

このときの円の重心から中心までの距離を「蔵本秩序パラメータ」と呼ぶ。

蔵本モデルでは、角度情報だけに着目することによって同期の指標をごく簡単な式に落とし込んだ。このため、点群の個数が三個だろうが一〇〇個だろうが、さらには無限大に至るまでどんな数になろうが、蔵本秩序パラメータというたった一つの指標で、点群の同期の程度を指し示すことができる。こうした単純化は、問題の規模が大きくなればなるほど効果を発揮するのだが、六台のロッキングチェアであっても、ただ一つの指標で同期を判断できることは都合がよい。

このロッキングチェア実験では、目を開けた条件で測定した場合、一五秒程度経過したところで蔵本秩序パラメータは、完全同期に近い0・80から0・90程度の高い値に跳ね上がった。

それに対して、目を閉じている状況では、しばらく時間が経過しても同期する気配はなかった。実際、蔵本秩序パラメータも、ずっと0・4程度と低い水準のままであった。

この結果は、人が横並びの状態であっても、周囲から視覚情報を得ることができるなら、人は同期することを示唆する。ただし、この実験条件だけでは、実験参加者が意図的に同期させようとしたかどうかは切り分けることはできない。

意図の産物であるにせよそうでないにせよ、誰が誰に影響を与えるということが明確ではない環境でも、同期は成立する。こうした身体面の同調傾向が、劇場で生じる爆笑や熱狂を支えている可能性が高い。

集合的感情と「感動」

多くの人が一斉に類似した感情を抱くことは、「集合的感情」と呼ばれ、近年盛んに研究されている。集合的感情の定義に、感情の種類は含まれていない。だから、ポジティブ感情、ネガティブ感情、あるいはそれらの両方が綯《な》い交《ま》ぜになった感情でも構わない。

心理学の概念の中でも、とりわけ感情については定義が難しい。[20] それでもざっくりといえば、感情とは、喜怒哀楽と呼ばれる基本感情と社会的な側面をより含んだ恥ずかしさや誇りといった種々の心理状態の総称である。

集合的感情は、一斉に生じるという点を満たせばよいから、劇場のように対面コミュニケーションで生じる場合もあり、それ以外にもメディアを通して生じることもある。特に近年は、情報化の影響もあり、SNSを通じた集合的感情が注目されている。[21]

例えば、ニュースに触れて感じた怒りをつぶやくと、それを見ていた人が一層怒りを感じる。他者の感情を引き金にして生じた怒りを再び、ネット上にアップロードすれば、文字や動画に乗った感情情報が瞬時に全世界に伝えられ、感情はもはや一人一人が抱くものとは異なる様相をもって伝播《でんぱ》していく。これがSNS上での集合的感情である。

実験も行われていて、[22] 配信されるニュースにポジティブな内容を増やすと、SNSを行きかう話題もポジティブなものが多くなった。この法則は、ネガティブなニュースでも成り立った。

劇場にせよSNSにせよ、集合的感情は時間が経過するにしたがって、湧き上がってくる感情が増強していくという特徴がある。個人の感情は多くの場合、時間とともに減衰していくものだが、集合的感情に関しては多くの人が感情を抱きそれを表出するので、互いに影響し合うことで感情が長く継続する場合がある。影響の仕方によっては、時間が経過した後のほうがむしろ強くなる場合さえある。

劇場で生じる集合的感情には、基本感情である喜怒哀楽に加えて、鳥肌感や一体感も挙げられる。鳥肌感とは、chill の訳語で、鳥肌が立つようなぞくぞくした感じのことを指す。[23] 一体感は演者も含めて観客たちが一つの時空間を共有し、楽しんでいるという強い感覚のことだ。

また、日本の劇場では、「感動」という表現を用いて観客間の集合的感情に言及することが多い。それがうれし涙にせよ、悲し涙にせよ、人の心を打ち、思わず涙してしまうような感情だ。ここで改めてなぜ「日本では」と限定して述べたかといえば、実はこの「感動」という言葉は、日本語の語彙《ごい》独特のものだからである。

少なくとも英語の名詞で「感動」にぴったり当てはまる語は見当たらない。[24] それをあえていうならば、being moved である。二〇一五年ごろから being moved の研究は海外で盛んに行われるようになった。

日本語でいえば、当たり前のようなことを一生懸命に研究している。例えば、オックスフォード大学のジョンナ・ヴォスコスキーらによる二〇一七年の研究[25]「The pleasure evoked by sad music is mediated by feelings of being moved」は、要するに「悲しい曲を聴いて（訳注：悲しいだけでなく）楽しいのは、感動が介在しているからだ」ということだ。日本語の感覚から見れば、自明にも感じられるが、こうした仮説を検証する研究がようやく始まったところだ[26]。

「感動」という語彙がある――つまり感動の概念を持つ――日本では、感動を多くの人が日常的に体感するし、それがどのような条件で生じるかについても見当がつく。だから、感動に関する仮説についても、どれくらい妥当であるのかを日常経験から予測できる。ところが、感動の概念がない国では、こうした予測は実際に確かめてみるほかなく、自明だとは思われない。日本は感動研究に関しては、かなり有利な位置にある。

劇場では、連鎖的に感情が伝播していく。そして笑い声、泣き声と言った感情の表出に周囲の観客が影響を受け、集合的感情に巻き込まれる観客が指数関数的に増えていく。

この現象は、段々畑式の小さな滝を意味するカスケードという言葉を使って「感情カスケード（emotional cascade）」と呼ばれている[27]。ただし、この呼び方の提唱者であるエドワード・セルビーらは、インターネットやSNSを通じて広がる嫌悪感情に対して使っているが、私は劇場の文脈について用いるとき、特定の感情に限定せずに使っている。

感情カスケードはだんだんと広がっていくが、会場全体に行きわたるころになると、初めに感情を表出した観客はすっかり落ち着いてしまっているということさえある。

集合的感情は、こうした空間的な拡《ひろ》がりと時間的な推移によって生じる現象の総称である。急速に伝播し、会場全体が巻き込まれる感情カスケードのほかにも、周囲の観客の間をゆっくりと進んでいき、結果として類似した感情に至る場合など、その伝播の範囲や速度を限定しないという意味だ。

以下では、集合的感情といえば、特に断らない限りこうした特徴を備えた劇場での集合的感情のことを指す。

感情が会場内を伝播するとき、その背景にはどんなメカニズムがあるのだろうか。また、それは観客どうしが客席に密接距離で配置されることとどのように関連するのか。

伝染する情動

集合的感情を生じさせるメカニズムの一つが「情動伝染（emotional contagion）」である。[28] 情動とは、感情の中でも明確に表出されるものを指すことが多い。

「ある人の感情や関連行動が、他の人の類似した感情の直接的な引き金になる現象」が情動伝染である。笑い声や笑顔は、笑わせるのに十分な刺激である。声や表情といった刺激が情動伝染を引き起こす。

笑いを除けば、人間の情動伝染について詳細に調べられた研究はそれほど多くはない。観察と手作業による分類（コーディング）に膨大な時間がかかることも要因の一つである。

そうした手間を惜しまず行われた数少ない研究の一つに、未就学児を二年間にわたって観察した、集合歓喜（group glee）についてのローレンス・W・シェーマンの研究がある。[29]シェーマンは、集団歓喜を子どもたちが——ときに叫び声を上げながら——表出する喜びの表現と定義した。その上で、二〇名の未就学児を二・二メートル×二・七メートルの小さな部屋で観察した。五・九四平方メートルに二〇名というのは、単純計算すれば、一平方メートル当たりで三・三人ほどになる。子どもなら座ることができるが、それでもかなり混み合った状態だ。

観察対象にしたのは、教諭が話をする場面である。ビデオ撮影した内容を分類した結果、五九六回の観察のうち、四〇・四パーセントに当たる二四一回で集合歓喜が観察された。子どもたちがいつも笑ったり声を上げたりしているのは想像できるとはいえ、これはかなりの高頻度だ。

シェーマンらの研究の重要な点は、集合歓喜について、児童間で連鎖的につながり、広がっていく場合（伝染）と、教師の冗談のように多くの子どもたちに共通して影響が与えられることによって同時に生じる場合（同時発生）を区別したことである。

観察された集合歓喜のうち、七〇・六パーセントが伝染によって生じており、同時発生は三〇パーセントほどであった。このことから、シェーマンは、集合歓喜の生起には、社会的な相互作用が強く影響すると考察している。子どもたちは周囲の子どもたちからの影響を受けやすく、その結果、集合的感情はグループ内に容易に伝播していくという。

この研究では、密度が低い部屋での観察との比較はなされていないので、確定的なことはいえないのだが、一平方メートル当たり三・三人という高い密度が、授業を受ける子どもたちの相互作用を引き起こしたと考えられる。

なおこの研究は、二〇〇一年に「人々を笑わせ考えさせる」業績に与えられるイグ・ノーベル賞を受賞している。

伝染のメカニズム

情動伝染のメカニズムを説明すると、こうなる。

まず、「ミミクリ（mimicry）」と呼ばれる身体の姿勢や内部状態（筋肉の張りや空間内の位置といったことを知覚する自己受容感覚）の無自覚的な模倣が生じる。

その後、表情や姿勢と結びついた感情が喚起され、あたかもその感情が生じているかのように振る舞ってしまう。例えば、うれしくて笑うとき、口角は上がり、目の周囲にある眼輪筋《がんりんきん》が収縮する。相手の笑顔を見ると、人はその表情を無自覚に模倣して、笑顔になる。この結果、笑顔に結びついたうれしい気持ちが喚起される。これは、身体フィードバックと呼ばれるメカニズムである。こうして相手の感情に類似した感情を抱くことになる。

要するに基本的な情動伝染のメカニズムは、無自覚的な模倣を基盤に類似した感情が生じることである。いわば、相手の身体状態に自分自身の身体状態を一致させることで、自分が相手の身になってしまうという「形から入る」というものだ。

ミミクリという無自覚な過程を媒介するため、情動伝染は周囲に他の観客がいればほぼ不可避的に生じる。視覚情報や聴覚情報を通して生じる身体運動の同期は、より近接している際に生じやすいのはこのためだ。混み合った客席にいる観客は互いに感情を伝え合い、それが引き金となって次の感情が連鎖的に生じる。

しかもこれは、一方向的に起こるのではない。同時多発的に感情が生じ、それが周囲の観客へと伝播するのである。会場のあちらこちらで生じた集合的感情のさざ波は、多方向に伝わり、重なり合っては共振することで会場全体へと広がっていく。

二〇一一年に発表されたジョブ・ファン・デル・シャークらの研究[30]では、ミミクリやその後の情動伝染の程度は、その人が所属する社会集団の影響を受けることが明らかになった。表情を示すのが内集団（自分が所属する集団）の成員であったときには、外集団（自分が所属しない集団）の場合に比べ、筋電位計で測定された表情がより類似していた。また、自分の抱いた感情を主観的に評定してもらった得点も、実験参加者が接した他者の感情と同じになったことが明らかになった。

つまり情動伝染には、相手が自分の所属する集団の成員であるかどうかという社会的な判断も影響し、特に自分の仲間内であることを認識すると伝染しやすくなる。

喚起と抑制

劇場には多くの観客がいる。しかも観客どうしが近い。だから、近傍《きんぼう》の観客どうしが互いに影響を与え合う。これが、集合的感情を引き起こす重要な条件になっている。

とはいえ、周囲の観客が近すぎると感じる場合に、観客間は安心できなくなってしまう。四二センチは、隔たりを作るというよりは接触面といえるほど近い。だから、観客は周囲の人の放射熱を感じるし、場合によっては体臭が気になったりする。

　ましてスタンディングの会場である場合には、肌が直接触れる場合さえある。満員電車であれば不快になるような混み合いだ。それにもかかわらず、フェスのようなイベントで楽しめるのはなぜか。なぜあんなにも盛り上がれるのだろうか。

　情動伝染が、その基盤には生理的でほぼ自動的過程がある一方で、ファン・デル・シャークらが指摘したように、同時に仲間内かどうかという社会的な判断も影響している。とすれば、仲間内であることが媒介し、密接距離の意味合いを変えているというのは十分成立しうる仮説ではないだろうか。

　自分の好きなアーティストのライブに行く観客は、当然他の観客もこのアーティストのことを好きだという暗黙の期待を持ちながら参加している。チケット代を払ってまで嫌いなアーティストのライブに行こうという、あまのじゃくな観客をはじめから予想して参加する観客は少ない。

　これが観客に、お互いが仲間であるという意識を生み出す。それゆえ、観客たちは「このアーティストを好きだ」という意味での集団を形成しており、互いにその集団の成員だと認識し合っている。これにより、同じ公演を一緒に楽しむだろうという予測は成り立ち、情動伝染が起こりやすい条件は満たされた。

同じ感情になって、演者と観客の隔てなく一体感を味わうのは心地よい。フェスのように、観客が混み合っていれば、情動伝染はかなり起こりやすく、短時間に強い集合的感情が生まれてくる。こうした体験への期待があるなら、密接距離も悪くはないものだと思えそうだ。

この仮説の妥当性を示唆する現象もある。それは、学生が教えてくれたこんな事例だ。彼が言うには、公演が始まる前、周囲との観客と近いため、少し圧迫感を感じていたという。ところが、公演を終えたころには、この密接距離がちょうどよいと思えるようになったというのだ。

「このアーティストを好きだ」という期待をそれほど抱いていない場合、公演前は周囲の観客は、ただ属性のわからぬ見知らぬ人である。だが、現に近距離で同じ表現を楽しんだのだ。この事実が、互いに仲間であるという意識を生み出す。

同じ公演に参加するという一種の共同作業をすることで、見知らぬ人との間でその場限りの一時的な仲間集団が形成されたのではないか。

その結果、周囲の観客に対して、ただの見知らぬ他者としての圧迫感を覚え、初めは「近いな」とつぶやいていた状況が一変した。距離は単に「気にならなくなった」というよりむしろ、無数の情動伝染と爆発的な集合的感情を経験して、仲間と一体感を覚えられる素晴らしい場だと肯定的に意味づけられたのである。

同じ表現を楽しむことで一時的な内集団が形成されると、その場への認識が変わる。それゆえ、物理刺激は同じだとしても、その刺激に対する解釈が変わる。この仮説が正しければ、密接距離を強制される満員電車も、同じアーティストに会いに行く道すがらだと思うことができれば、きっと楽しいはずだ。

ただし、現実の劇場はそれほど単純ではなく、混み合いもいいものだという解釈には必ずしもならない。肯定的な意味づけができるためには、自分自身も含めて一斉に感情が生じる必要がある、という条件がありそうだ。

例えば、周囲の観客が号泣した場合、自分は逆に冷めてしまったという経験はないだろうか。自分もまた感情が高まっていれば、周囲の観客の涙は感情をより強め、つられて泣いただろう。ところが、周囲の観客から表出される感情のタイミングや強度が自分自身の状態と大きくずれていると、その差が大きいことにむしろ注意が向く。

こうしたことに気づいてしまうと、観客は周囲との関わりを心理的な作用により遮断してしまう。この状態には観客間に相互作用がないということではない。逆に、相互作用の存在ゆえに、その影響をできるだけ受けないようにしているということだ。

観客間相互作用は、常に良い方向にのみ作用するわけではない。それゆえ、距離が近ければ近いほど、抑制の作用も強くなる。情動伝染が生じにくくなる方向で影響するということだ。

観客は近接する周囲の観客から影響を受けるが、それは集合的感情を喚起する方向に作用する場合がある一方で、感情表出を抑制する方向に作用する場合もある。

ではどのようにすれば、客席の混み合いから良い効果が生まれるように観客どうしの相互作用をデザインできるだろうか。

次項では、劇場の客席の最適な配置を考察するという将来的な議論を見据えて、情動伝染に影響する親密さについてみてみよう。

鴨川等間隔の法則

情動伝染には、「距離」だけでなく親密さも影響する。見知らぬ人より知り合いのほうがミミクリは起こりやすい。また、距離が近いほど、直接的に相手から影響を受ける。前述したように、カップルでカメレオン効果が生じるのもこのためだ。

この効果を最大限にする方法は、親密な他者との距離をできるだけ小さくして、このカップル以外の者との距離をできるだけ大きくするということになる。ありていに言えば、カップルが自分たちだけの世界を作ることだ。

「鴨川《かもがわ》等間隔の法則」を聞いたことはあるだろうか。京都の鴨川沿いは、格好のデートスポットだ。カップルたちは、すでに何組か座っている間にスペースを見つけて自分たちの場所を決め、腰を下ろしてとりとめもなく語り合う。京都の鴨川沿いではこれが日常的な光景だという。

この「親密な他者との距離をできるだけ小さくして、それ以外の者との距離をできるだけ大きくする」という法則を適用したら、鴨川のように等間隔になるのだろうか。ここで簡単な数値実験をしてみよう（図2）。

数値実験とは、挙動を決定する法則を定式化し、コンピューター上で再現する研究方法である。心理実験と同様に、原因となる独立変数を操作して、それに連動してどのように結果が変化するかを体系的に調べる。数式を展開して問題を解くことができないことが多い、多数のエージェントの行動パターンを調べる研究でよく使われる。

物事の本質を捉える状況を構成する要素とその関係を抽象し、最小限の構成要素の振る舞いを予測するという点では、思考実験と似ている。だから、現実にある具体的事柄の多くは捨象することになる。

斥力が導く等間隔

鴨川を模した長さ1の数直線を考える。N組のカップルを作り、0から1の乱数を振る。すると、一組目は0・521、二組目は0・040などとなる。この数字に従って、カップルの最初の位置を決めた。この設定は、すでに座っているカップルの間に場所を決めるという現実の鴨川での挙動とは厳密には異なるが、原理がどのように作用するかを調べるためにモデルとして許容した。

まず、「親密な他者との距離をできるだけ小さく」について、親密なカップルだから二人の距離はゼロとして一つの点で表した。点には長さがない。だから、初期値の選び方によっては、ほぼ重なったようになってしまうが、これも構わない。距離の法則がもたらす作用を調べるためだ。

次に、それぞれのカップルが「我々以外の者との距離をできるだけ大きくする」という法則を適用した。具体的には、隣のカップルからできるだけ距離を取る。

ただし、ここにジレンマがある。それは、両端にいる以外のすべてのカップルから見ると、右にも左にも別のカップルがいることだ。この制約の下でできるだけ距離を取る方法

図 2 「鴨川等間隔」のシミュレーション

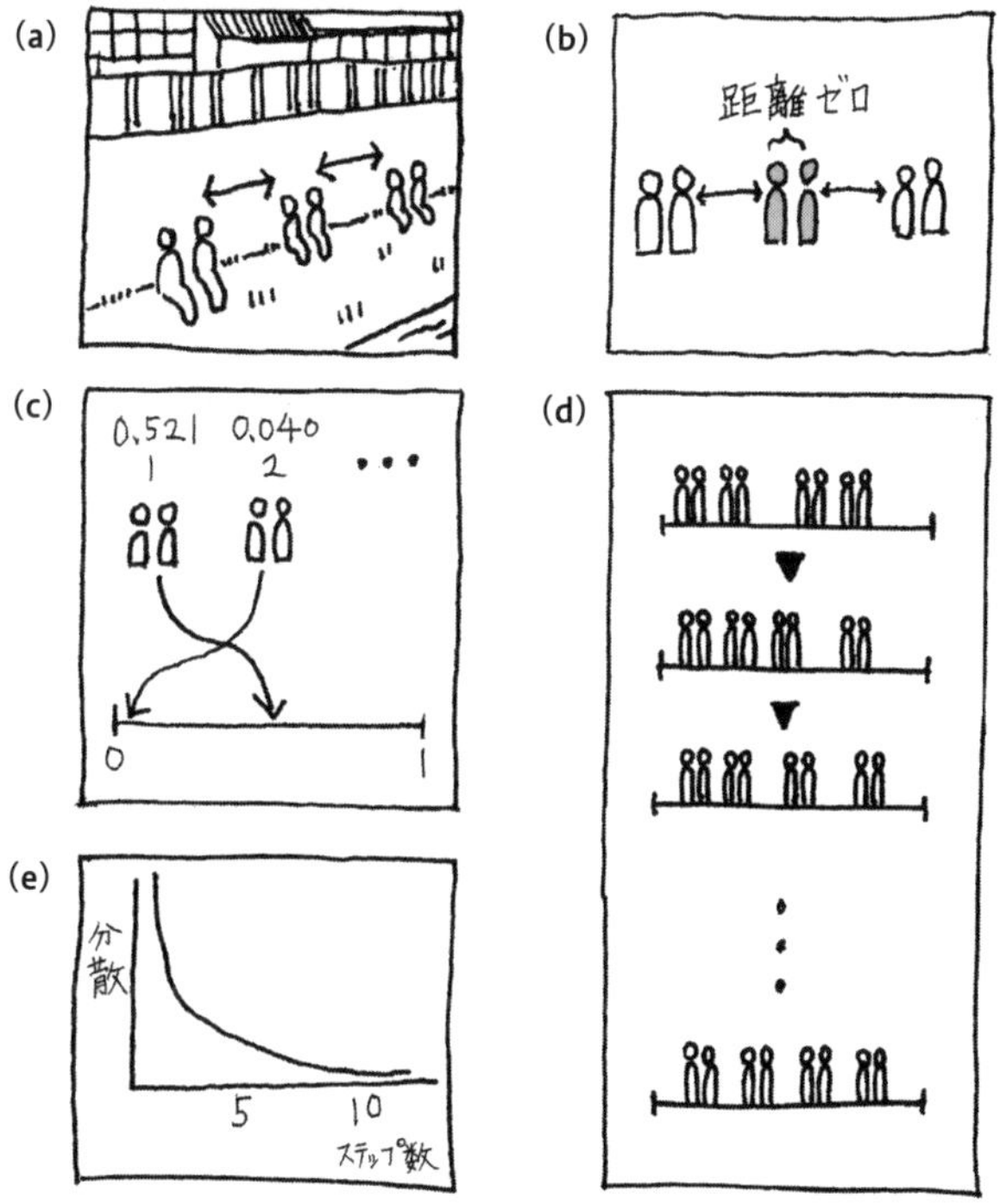

(a)鴨川の川辺で観察されるカップルの様子(イメージ)。(b)シミュレーション状況。カップルは、左右にいる他のカップルとの距離が大きいほうへ移動。(c)ランダムな値でカップルの初期位置を決定。(d)数ステップで等間隔に。(e)斥力によりばらつきは減少。

は、左右のカップルまでの距離を評価して、現状と比較してより遠くに行けるほうに少しずれるというものだ。

他者がいることによって、接近するのではなく逆に離れようとするのは、作用の方向に着目すれば、「斥力《せきりょく》」(互いを遠ざけようとする力)として働いているといえる。なお、できるだけ同じ状態になるよう作用するのは「引力」(互いをひきつけ合う力)として働くと表現される。

さて、カップルは最終的にはどのような位置に落ち着いただろうか。より正確には、一次元上で斥力が働く点群は、一定の時間経過後どういう状態で安定したのか。

等間隔であるかどうかは、ばらつきの指標である「分散」で評価した。カップル間の距離が完全に等しいなら、ばらつきはまったくないから、分散もゼロになる。つまり、この値が低いほうがより等間隔に近いということを表している。

結果は、図2(d)に示したように、わずか数回の移動で分散が低下し、等間隔に近づく。そこから分散が完全にゼロになるためには、かなりの時間がかかるが最終的には等間隔に落ち着く。

斥力が働き、隣のカップルからできるだけ距離を取るという非常に単純な原理によって等間隔を実現することができた。

モデル化された要素以外は一切入り込まない数値実験には、現実を彩る豊かな状況や個体差は捨象されてしまうのだが、その分、ピュアな状況を創り出して振る舞いを検討できる。数値実験の結果は、「自分たちだけの世界を作りたい」と願うカップルの行動原理である「他のカップルから離れる」という単純な法則が、等間隔を生み出しているということを示唆している。

密接距離と社会距離

カップルがなぜ距離を置きたいと思うのか。この理由もまた単純で、距離が近ければそれだけ周囲からの影響を受けるからだ。好きな相手は、個体距離よりも近い密接距離に、そうでない者は、すべて社会距離にしておきたい、そう思うのはこのためだ。

こう考えると、劇場空間はやはり特殊な状況である。日常空間では、親密な者たちが触れ合う距離を取るが、劇場では見知らぬ間柄の人たちがほぼゼロの距離で隣り合う。

これが意図されたものだとすれば、こうは考えられないだろうか。劇場ではミミクリに影響する「親密さ」と「距離」のうち、「親密さ」は操作できない。だから、せめて「距離」だけは最小にしよう、と。

この結論を得て考えてみると、自分たちだけの世界を作りたいカップルたちの戦略、「親密な他者との距離をできるだけ小さくして、我々以外の者との距離をできるだけ大きくする」も示唆的だ。というのも、これに対比される劇場における客席の設計は、「距離を最小にしよう、親密さは一定にできないのだとしたら」という発想に基づいて距離だけを操作しようとしていることが示されるからである。

そうすることによって一時的にでも仲間関係が生まれ、より楽しめると期待ができる。だから、客席はこんなにも近い。

すべては集合的感情を引き起こすために。

ここまで、舞台と客席との距離、観客どうしの距離について論じてきた。

第一章で述べたように、舞台と客席との間には、劇的な作用を緩衝する空間としての距離がある。距離が保たれるという一種の劇場の文化的コードは、距離を零化することで破られ、象徴的な意味が付与される。

一方、第二章で示した通り、観客間の密接距離は、観客間の情動伝染を促進するためであった。情動伝染に寄与するのは、距離と内集団という意識、そして互いの親密さである。

次章では、劇場認知科学にもっと深く踏み込み、集合的感情を同期の観点から論じていく。

心理学だけでなく、生物学や物理学の知見を用いることで、劇場のコミュニケーションを広い学問分野の適切な場所に位置づけることができる。より広い学問分野とのつながりを意識しながら、劇場における距離の問題を論じていこう。

第三章　劇場空間と感情同期

観客の盛り上がりは何で決まるか

劇場の「再現性」とは

劇場では、集合的感情が再現される。

といってもそれは、観客一人ひとりの単位で同じ感情が沸き起こるということではない。

劇場に足を運ぶ観客は日々異なるし、それぞれの観客には個性があるから、たとえ同じ映画を上映したとしても観客の反応は毎回違ったものになる。

そういう意味での再現は確かにできない。だが、少し俯瞰《ふかん》した視点から劇場を眺めてみよう。日々、公演が繰り返される劇場の定点観測をするようなものだ。

劇場は観客が存分に楽しむ場を提供している。観客はひとたび劇場で集合的感情を味わうと、またその楽しさを味わいたくなり、それができると期待して劇場に足を運ぶ。心揺さぶられる演劇やクラシック音楽、ど派手なアクション映画、ひたすらヘッドバンギングするような音楽ライブ。そのジャンルは問わない。

そのいずれの場合でも、観客たちは蓋然《がいぜん》的に集合的感情が生じることを信じるし、それゆえに劇場に足を運ぶ。もし劇場が集合的感情とは無関係な場なら、観客たちはそこへ行く意味を見出せないだろう。

だから、劇場でいう再現性とは、集合的感情を味わう成員は違ったとしても、皆がその場で感情を共有し似た感情に至る、その過程自体が再現されるということを指している。「ゆく川の流れは絶えずして　しかももとの水にあらず」と、鴨長明《かものちょうめい》は綴《つづ》った。流れを構成する水分子は違っても、個別の水分子を区別できなくても、それでもなお私たちは川が流れていることを現象として把握することができる[31]。

同様に、観客の振る舞いの詳細を捨象して、劇場空間全体の集合的な振る舞いにまで粗《そ》視《し》化《か》するのがポイントだ。粗視化とは、ここでは詳細にとらわれすぎず、全体の挙動を眺めることだ。

もちろん、舞台表現は水物と言われるように、同じ芝居のはずなのに、盛り上がった日、そうでもない日など様々なバリエーションはある。だがそうであっても、定点観測なら、こうした感情を会場全体での動きのパターンとして識別することができる。

心理学のように個人を対象にして直近にばかり着目する立場ではなく、劇場を俯瞰し、粗視化する。そうすることで見えてくる集合的感情を把握する。この観察手法では、観客一人ひとりの微細な変化を捉えることは難しいのだが、その代わりに群としてのパターンを見出すことができるようになる。

こうした観点は、〝売れる〟作品を生み出す際にも活用できる。多くの観客に受け入れられることや受けるネタを分析して発見することは、興行成績に直結するからだ。

海外で活躍するドキュメンタリー映画の監督を相手に、こうした観点について話したことがある。ハリウッド映画などでは、一般公開前に少人数の観客に対して映画をレビューしてもらうそうだ。こういう場に参加するのは、だいたいが映画評論好きだから、歯に衣着せず、「この展開はあまりに陳腐すぎる」とか、あるいはもっとコアな意見で、「こんなにひどいことをしてきた人物なのに最後にあっけなく死んでしまうのは、どうも受け入れられない」などコメントを書いてくれる。これを受けて再編集したものを一般公開するのだという。

そう話してくれたドキュメンタリー監督は、「リョータ（筆者）がやっていることは、これを自動化できるし、言語化されない部分に注目しているから、もっと信頼できるレビューになるよ」と言ってくれた。続いて、「監督はコンフィデンス（自信）が欲しいんだよ」と述べたのは、印象的だった。

言われたことは確かにその通りだ。こうした意味での再現性がなければ、大きなヒットは狙えない。ドキュメンタリー監督が必要とするのが、エビデンス（根拠）ではないところに「職業人らしさ」を感じたのは、また別の話だが。

集合的感情を求めて

俯瞰して再現性を捉えるという観点について、読者は劇場ならではの特殊な考え方のように思うかもしれない。だがそれは違う。こうした見方は、例を挙げれば脳活動の研究にかなり近い。

脳活動は、微小の機構である神経細胞が発火することで生じている。ところが実際の研究となると、生きている人間の脳を解剖して単一細胞だけを取り出すことはできない。そのため、脳活動に伴う微小な化学変化（電位、血流など）を読み取ることで脳活動を推定している。

これは、集合的な振る舞いを扱うという点でも劇場の研究と同じだ。また、個々の微小の構成要素が単体で示す振る舞いを単純に足し合わせても、集合的な振る舞いは説明できないという点もまったく同じである。

さらに少し専門的にいえば、現象を捉える存在論的な立場も同じである。

もっと平たく述べよう。脳波の図を教科書や論文で見たことはないだろうか。だいたいの場合、脳波は太い実線で描かれる。これは、いつもこういう脳波が見られるという意味ではない。複数回にわたる試行で得られた脳波の振幅（上がり下がりの幅）の結果を、平均して描画したものである。

もし、脳波がランダムなら、複数回の試行で脳波の山と谷が打ち消し合うから、平均値はほぼ平らになるはずだ。逆に振幅が見られるなら、それは繰り返し山や谷が現れた――つまり、刺激に対応する脳波が見られた――ことを示している。

だから、誤差も考慮したうえで、図示した太い実線上に脳波が「ある」とするのである。集合的な振る舞いに一貫したパターンを見出すというのは、こういうことだ。

劇場の集合的感情を研究しようとしたら、同じ手続きを取ることになる。つまり、会場の広さや観客の混み合いなどの諸条件をできるだけ変えずに、繰り返し公演を複数回にわたって行い、集合的感情を観察するのだ。もし、平均して集合的感情の起伏が観察されたとしたら、その公演は特定のパターンで観客を楽しませると結論できる。

劇場では、すべての観客がまったく同じ感情になるということではなく、全体のパターンとして集合的感情が生じる。それは、脳活動に一貫したパターンを見出すように、劇場全体を粗視化することで見えてくるものだ。

こうした仔細《しさい》の議論を知る由《よし》もない多くの観客たちが、繰り返し劇場に足を運ぶのは、劇場なら集合的感情を再び味わうことができると直感的に把握しているからである。

人間は、感情を再び生じさせることを追い求めて劇場を造った。喜怒哀楽の基本的感情に関していえば、これを感じるのは人間に限ったことではない。だが、集合的感情を積極的に再現しようとして、繰り返し存分に楽しめる場を作ろうとするのは、人間固有の営みである。この意味で劇場は、集合的感情を再生産するための文化的施設なのである。ただ空間としての劇場を造るだけでは、集合的感情が再現されるかどうかは不確かだ。だからきっとそこには、存分に楽しむための——より正確に言えば、存分に楽しめる確率を高めるための——工夫があるはずだ。

人間が集合的感情の再現を願って造った劇場には、どんな工夫が施されているのだろうか。ここに舞台と客席の近接学が再びテーマとして浮上するのである。

「密度」という重要な変数

複数の観客が互いに影響しあい、集合的感情に至る。これは、情動伝染による無自覚な過程を媒介しており、周囲に他の観客がいればほぼ不可避的に生じる。客席にいる観客は互いに感情を伝え合い、それが引き金となって次の感情が連鎖的に生じていくことになる。

これは相互作用同期と呼ばれる現象である。

相互作用同期は、自然界でも多くの例がある。例えば、東南アジアに生息するある種のホタルは、じつに数万匹がシンクロしながら明滅するという。実に幻想的な風景だ[32]。

一斉に行動をそろえるといっても、こうした同期現象には、全体に影響を与える指揮者やペースメーカーがいるというわけではない。各個体の局所的な相互作用が巨視的な全体のパターンを生む。実際のホタルの場合には、その条件が調べられていて、人工的な光を当てると、ペースを速くしたり遅くしたりできる。この実験の結果から、周囲の光を受ける際に、明滅の周期をリセットしていることによって同期が生じることが示唆された[33]。

劇場でも、観客どうしが局所的な相互作用を繰り返すことによって次第に同期し、集合的感情になる。だが、観客どうしが互いに影響を与える範囲は、それほど広くなく、近接している観客が互いに影響しあっていると考えられる。

だから、劇場では客席の混み合い（密度）が重要な変数になる。ここでいう密度とは単なる人数のことではなく、ある一定空間に占める人数のことである。同じ一〇人でも、講義室にパラパラといる場合と四畳半に寿司詰め状態とでは、意味が異なる。後者のほうが密度は高い。

集団で鑑賞する観客の笑い声を観察した研究では、広さが一定の会場で同じ映画を見せたときには、一緒に見る観客の集団サイズ（人数）に比例して、笑い声の大きさや頻度が高くなった。これは、高い密度の観客たちの間で無自覚のうちにミミクリが生じていたと考えることもできる。

ただし、こういう研究結果の解釈は、一枚岩ではない。集団サイズが影響する理由については、認知過程によるとする説、社会的促進によるという説、同調によるとする説など解釈は多岐にわたる。

混み合いによる効果

人間の認知的な側面から笑いが生じる原因を考え、おもしろさが生じるそもそもの仕組みより考える立場からは、周囲の笑い声があることによって、内容を理解するのが容易になったという説が提出されている。[34]

その一方で、笑い声自体に着目した研究では、同じ笑い声であっても、実際の観客の反応であると教示した場合にはおもしろさは増したが、人工的なものだと教示した場合にはそうではなかった。だから、単純に自動化できるということだけでは説明できないとしている。[35]

社会心理学者たちは、集団サイズによる効果について社会的促進や同調によって説明を試みている。社会的促進とは、他者がいるというだけでパフォーマンスが改善されるという現象である。パフォーマンスが良くなる背景には、覚醒水準（生理的な活性化の程度）が上がるというメカニズムが想定されている。笑いが生じやすくなるのも、他者がいるということ自体に根本的な理由があるというのだ[36]。

一方、同調とは自分自身の考えではなく、集団の規範に合わせて行動することである。周りで笑いが起こったとすれば、そこは笑ったほうがよいところだと判断して、笑いが生じるというのである[37]。

社会的促進も同調も集団サイズが大きいほど、その効果が大きいとされているから、どちらの説明も成り立つ。集団で映画を見るという実験状況では、原因を明確に切り分けることはできないし、また、事実として劇場では、いずれもが生じている可能性も否定できない。

現実世界では、一度に複数の心理現象が入り乱れて起こっているので、特定の一つの心理現象だけで説明できる場合は少ない。これ以上の議論は避けておこう。

だが、どの心理的な要因が原因だったとしても、観客の混み合いが主要な変数であることに違いはない。だから日常ではありえないほど、観客どうしは近接している。より正確にいえば、混み合っているのである。

では逆に、混み合っていないときには、何が起こるだろうか。

オンライン配信における喪失

落語はだいたい、五年から一〇年の周期でブームが訪れるといわれている。潮が引いている時期の寄席はさほど混み合ってはいない。だがそういう場合には、そういう場合の楽しませ方があるのだと、熟達した噺家《はなしか》は言う。

そうしたときにも寄席に足を運ぶ客は、だいたいは落語をずっと聴いてきたような人だから、無理に大きく笑わせようとする必要はない。小さくでも、くすりとさせれば御の字だ。人間のちょっとしたしくじりや困った様子に共感するくらいでちょうどよい。

だから、状況としては「一対多」とはいえ、観客間の相互作用が及ぶ範囲を超えていれば、演者と観客という多くの「一対一」が存在している状態となる。初めから、観客どうしの相互作用には期待していないのだから、それはそれで構わない。

似た状況として、こんなケースがある。本書を執筆している二〇二〇年現在、動画配信サイトが流行している。投稿者には卓越した技術がある場合もあるが、多くはそうではない。それでは、何かためになる内容があるかといえば、必ずしもそうではない。日々の生活をただ映しているだけ、という動画もある。しかしそれが、数万回も数十万回も再生されている。

これは初めから投稿者と視聴者個人の関係だけを意識して作られたものだから、それでよいのだ。通信回線を通して、数万、数十万の、一対一がそこにはある。

ところが、オンラインでライブ映像を配信する場合には、観客間の相互作用が問題となる。ライブ会場で混み合いの体験がある人は、他の観客からの影響力を知ってしまっている。それゆえに、配信としては高いクオリティの映像でも、ライブと自宅の違いを比較してしまい喪失感を味わう。

オンラインでのライブ配信の一種の寂しさは、映像を通すためライブ感が得にくいということと同時に、それを楽しむ親密な仲間集団が不在であることに起因する。ジャンルによるのは当然だが、音楽フェスのように混み合いを前提とするパフォーマンスなら一層のこと、演者・観客間の関係の維持以上に、観客間の相互作用の喪失に物足りなさを感じるのである。

こうした事例によって改めて明らかになったことは、劇場は相互作用同期を意図的に生じさせるように建てられているということだ。他の観客は、単なる人形ではない。息もすれば、動きもする。体温があり、何より演者のパフォーマンスを一緒に楽しんでいる。その観客と客席に同時に居ることが私たちに影響を与える。それは意識には上りにくいことかもしれない。だが、この至近距離の関係では無意図的な模倣を行い、相互に影響し合い、それが個々の感情を集合的感情へと導く。

そうしたコミュニケーションを劇場はデザインしているのだ。

相互作用を媒介するものは

一点補足をしておこう。

ここまで客と客との相互作用があることは指摘してきたが、それが何に媒介されているのかについては論じなかった。実は、相互作用を媒介している物理的な実体（媒質）についてはいまだ解明されていない。

観客の熱気を反映した空気の流れや、皮膚が放つ放射熱が影響することは十分に考えられる。媒質がもし前者なら、宇宙空間では観客間相互作用は抑制されるだろう。宇宙空間では、空気は熱せられても上昇気流が生じないからだ。後者でもアクリル板一枚隔てるだけで影響が小さくなるはずだ。

これから行われるであろう数々の実験を通して、観客間相互作用の媒質を明らかにしていくことになるだろう。宇宙船で実施する研究がときどき公募されているから、私自身もいつか応募しようと考えている。

緊張感や興奮感は発汗を生じさせるから、こうした感情は嗅覚情報で伝達されている可能性もある。観客が客席で置かれている密接距離では、こうした嗅覚情報が多分に活用されている。それゆえ、笑い声のようなはっきりとした引き金がないにもかかわらず観客間相互作用が生じている場合、こうした無自覚の媒質が関与する可能性は高い。

観客間をつなぐ媒質が明らかになれば、工学的な応用も期待できる。例えば、媒質を個人の部屋に吹き込む装置で再現すれば、自室で一人であってもファンどうしのつながりを多少なりとも感じ、喪失感を拭《ぬぐ》うことができる日が来るかもしれない。

例えば、小さなデバイスをスマホなどにつなぎ、観客の反応情報を皮膚に伝達する仕組みだ。このデバイスを用いて微細な振動やわずかな湿度・温度として与えることで、自覚のないまま影響を与えることができる。４ＤＸ映画館では、視聴覚情報では伝えきれない表現を大掛かりな装置で付与しようとするのに対して、これは観客についての情報をごく小さな装置で付与するものである。耳に掛けて振動を与えるデバイスは、すでに入眠補助に使われているくらいだから、技術的な問題は少ない。

前後か左右か

観客間の相互作用に関して、客席の物理的な位置関係に着目してみると、前後左右どちらから影響を受けやすいかについても、実証的研究はまだ行われていない。局所的な相互作用がどのようなパターンを創発するかについては、影響力を与え合う範囲が重要である。

パターン創発の研究に用いられるセル・オートマタ（一マス・二マスというときのマスを意味するセルをたくさん並べて、伝播や同期が起こるメカニズムについて、数値シミュレーションを用いて研究する分野）の用語でいえばノイマン近傍《きんぼう》（前後左右）、ムーア近傍（前後左右と前方斜め二マス、後方斜め二マス）の区別もカギとなるだろう。

加えて、観客全員が舞台を向いているから、三六〇度均等に影響が広がるとは考えにくい。それは単純に視覚情報、聴覚情報が観客から見て前方から届くからだ。また、観客がそうした情報に応答した際には、それを見聞きしている後ろの観客に影響が伝わっていく。だから、劇場を俯瞰したときに等しく同心円状に広がるのではなく、向きによって異なる（異方性がある）と想定するのが自然であろう。

せり出しのあるスラストステージや寄席の桟敷席《さじき》（畳敷きになっていて、客は靴を脱いで上がる客席の割り当てがあらかじめ決まっていない座席）という環境により、観客の反応がどのように異なるかを検討することが第一段階になると、私は考えている。

共通入力による同期

観客間相互作用による同期があるとはいえ、こうした同期は自発的に生じるわけではない。日常の群衆がそうであるように、開演前の観客は思いのまま過ごしているので、それぞれのタイミングで動き笑う、その身体動揺や表情が同期することはない。対して開演後には一斉に笑ったり、体が動いたりする。何がそうさせるかといえば、それはまごうことなく演者からの入力である。

観客の感情が同期するのは、演者の表現が共通入力として働くからである。例えば、落語では噺家からの共通入力を受けて観客たちは噺の筋を頭に思い描き、ほぼ同一のタイミングで笑う。より一般的にいえば、演者は訴求力を伴った表現を観客に入力し、観客の共通する感情体験・状態を喚起するのである。

落語のようにストーリーラインがあるもの以外にも、音楽のように音韻的な要素と言語的な要素など、何が影響源になるかによって、同期の程度やどの側面に同期が生じるかには違いが見られる。表現のどの要素に応答して感情が喚起されるのかは違っても、そのいずれの場合にも共通入力を受けることで同期が生じている。

　こうした共通入力による同期は、劇場という限られた場面で生じるものではない。事実、自然界の様々なスケールで生じていることがわかっている。

　太陽の光は、私たちの睡眠周期をリセットしている。

　私たちはほぼ二四時間周期で寝起きしている。この概日リズムは、あって当たり前のように思われるかもしれないが、維持するための巧妙な仕組みがある。実際、暗闇で生活する実験を行うと、睡眠周期は少しずつずれてしまう。だが、日頃私たちがそうならないのは、毎朝太陽の光を浴びることで、周期がリセットされるからだ。日の光を浴びることで、約一三時間後に再び眠たくなるように時限休止装置が仕掛けられるのだ。

　当然、私たちが寝起きしたからといって太陽には何も影響を与えないから、これは一方的な影響力である。また、生活を共にしていない赤の他人にも共通して働いている。このことからも共通入力同期は、影響を受ける者どうしの相互作用を媒介せずに生じることがわかる。

　同期は影響を受ける者どうしの直接の相互作用がなくても生じることがある、という点は地味だが重要だ。

生態学では、カナダオオヤマネコ（Canadian lynx）の個体数の増減の時間的推移が、二つの孤島で非常に高い相関を見せることが知られている。こうした生態学における同期現象は、初めて報告した研究者の名前を取ってモラン（Moran）効果と呼ばれている。[38]

当初、オオヤマネコが島の間を泳いで渡ったとか、島の食物が風に運ばれるというように何かを媒介して相互作用しているのではないかと疑われたが、どうもそうではないらしい。こうした結びつきがないのだとしたら、なぜ孤島で断絶されているはずのオオヤマネコがあたかも連絡でも取っているかのように同期した挙動をみせるのか。

これを説明するには、オオヤマネコが捕獲できるエサの量や運動量に影響する気象に関する諸条件（雨量、日照、風量）が共通して二つの島に影響したと考えるしかなかった。のちに、直接のつながりが想定できないほど広範に見られる植物の間でもモラン効果が確認され、気象条件という共通入力によって同期が生じることが明らかになった。

このように、共通入力同期は異なる学問分野において研究が進められてきた。そのため、仲間内ではよく知られる現象でありながら、他の分野の研究者たちにはその同一性はまったく気づかれないままであった。

劇場についての研究は、従来は人文科学のお膝下《ひざもと》にあったから、こうした知見は他の分野にまったく届いていない。しかし読者は、この可能性に気づいたことであろう。改めて述べるが、劇場での観客の集合的感情も共通入力同期によって説明できるのだ。

表現に関わる分野でこう明確に論じたのは、私が知る限り、本書が初めてである。同じ「研究」と名のつくものであってもそれだけ分野の隔たりは大きかったと言えるだろう。

また興味深いことに、数理的な研究では、同期を引き起こす共通入力の種類が多く知られている。周期波、パルス波に加え、ノイズでも条件がそろえば同期が生じうる。それぞれ、ごく簡単なイメージを持つためには、周期的に揺れるブランコを想像するとよい。そのうえで、共通の入力によって、ブランコを揺らす（周期波）、ときどきこつんと叩《たた》く（パルス波）、乱雑に振動を加える（ノイズ波）というようなものだ。[39]

演者の表現と集合的感情

演者の表現は、入力として観客に影響を与える。そのすべてを観客が意識的に把握できるとは限らないのだが、これに無防備に身を委ねることにより、観客は安心して集合的感情を抱くことができる。

劇場は、この共通入力同期を意図的に生じさせる場である。共通入力として働くためには、観客にほとんど同時に情報が伝達される必要がある。これを実現するために舞台は客席からよく見える位置になければならない。

これが、観客群の注目を一身に集める高い位置に舞台がある理由だ。礼拝堂の教壇、密教の護摩壇《ごまだん》、オリンピックの聖火台、講演会の演壇、落語の高座、祭の櫓《やぐら》、いずれもこのためだ。

クラシックコンサート専用に作られたヴィンヤード（ブドウ畑）形式（図3）では逆で、後方に行くにつれて客席をせり上げることで舞台を見えやすくしている。これは一段複雑で、形状が音の響きを変えるので、音の伝わり方まで客席によって調整している。

また、舞台と客席には、相対的な高さの問題だけではなく、情報伝達という意味で距離も関係する。舞台に客席が近すぎると、当然ながら前方の観客の陰になって後方の観客からは舞台がよく見えなくなる。

だから、客席は舞台から少なくとも二メートルは離れる必要がある。そうすることで、後ろの観客からも舞台の大部分が見えるようになる。舞台と客席との間を公衆距離にすれば、多くの観客から見える、聞こえるということだ。

ここだけ取り上げると当然すぎる指摘なのだが、この視点を持つことが本質を見通すうえで重要だ。論理的には、共通入力が与えられていれば物理的には観客どうしが隔てられていたとしても同期は生じる。

図3　ヴィンヤード形式

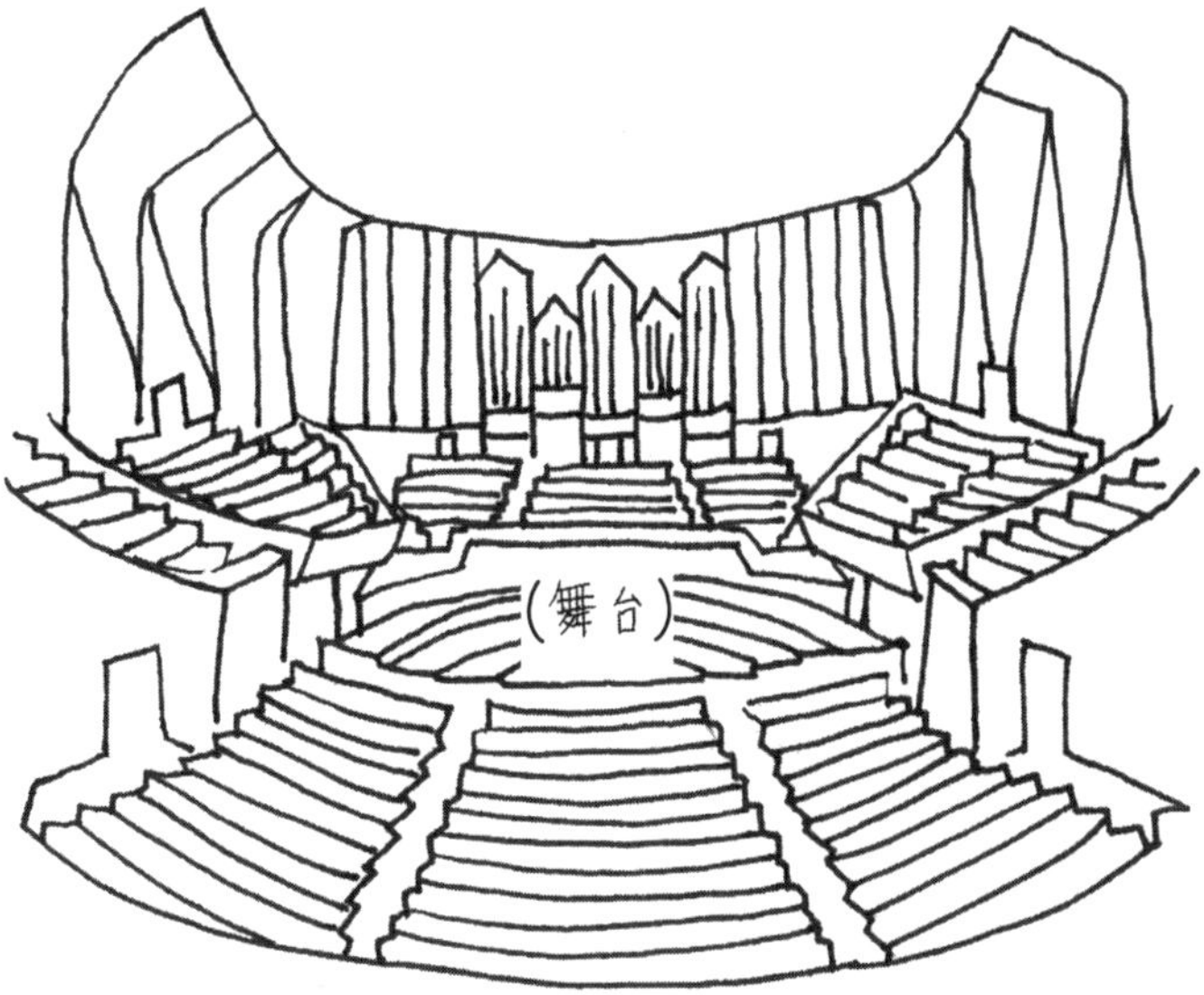

読み飛ばしてしまった読者のために繰り返すと、観客が近接していない場合でも共通入力を受けて観客どうしの同期は生じる。これは、観客が個別に部屋に入っていて、観客どうしに何の情報も伝える手段がなく、まったく相互作用がないという場合でも、一斉に感情が生じうるという意味だ。

この点に着目すれば、情報通信機器を用いることで、劇場は伝統的な形式から拡張することが可能である。例えば、近年よく行われるようになってきたサイレント盆踊りは、その先駆けである。踊る人だけみれば、演者側のようだが、こうしたちょっと異様な光景も、実は同じ音楽を聞いている複数の観客がいることで成り立っている。

空間的な工夫の一方で、時間的な工夫も見られる。

演者がどれほど熟達していたとしても、観客には個人差があるから、すべての観客を最初から同時に楽しませることは容易ではない。観客の状態を公演が展開していくうちに、ある程度そろえておければ、最終的に集合的感情へと導くことができる可能性が高い。このための工夫がある。

戯曲の基本にもある。最終的に涙々の大団円に至る演目でも、最初にちょっとした笑いを起こす。この技法は、集合的感情の観点からいえば、観客の感情状態を初めにある程度そろえておき、最終的に大きな感情の起伏を生む、そういう仕掛けを含んでいる。

類似した例は、ほかにもある。よくお笑いの劇場では前説が行われる。これも観客の反応水準をあらかじめ一定程度高めるための工夫だ。落語では、それを演目の進行中に行う。本編の前に話される短い話（マクラ）も、観客を日常の世界から落語の世界へと誘う役割を果たしている[40]。

客が一斉に笑うメカニズム

劇場において、共通入力によって同期が生じるためには、入力に対して観客がある程度まで正確に応答することが不可欠である。これは、観客が笑わせどころで笑う、セリフの感極まるところで泣くというように、入力の強度とタイミングに応じて正確に感情を表出するということだ。この状態のとき「応答に信頼性がある」という。

入力に対してランダムな反応が生じるのだとしたら、共通入力同期は生じない。ある客が感情体験をするが別の客はしないというだけで、集合的感情にはならないからだ。

同期のメカニズムは、力学系――ある時点の状態が前の時点の状態により決まるシステム――を用いて研究されている。複数の力学系に共通入力を与えて、その応答を観察する。応答が同じタイミングで生じれば、同期と判断できる。共通入力をどんな条件で与えれば同期するのかを調べるのだ。

共通入力同期の条件として、応答特性——入力に対する出力の性質——が力学系どうしでよく似ていること、あるいは、応答特性の違いがあっても共通入力の影響力が十分に強いことが挙げられている。

これを劇場の演者から与えられる共通入力に置き換えて考えてみよう。

劇場で観客の年齢層や性別の比率はばらばらだから、共通入力としての表現が持つ訴求力の強さが課題となる。多くの観客に一貫した反応を引き起こす表現が、熟達化の一要素になるのはこのためだ。

例えば落語でいえば、同じ演目であっても、口演のたびに観客の反応を引き起こすということだ。

熟達した噺家は、観客からの反応を踏まえて演じ方を調整しているから、毎回同じにはならない。しかし、ここではそういう意味合い以上のことを述べている。それは、うまい噺家が演じる場合、同じ噺家が口演する同じ演目を何度聴いてもいつもおもしろいということ、同時に、その口演が多くの人にとっておもしろいということを指している。

熟達した噺家の口演が、一種普遍的な訴求力を持つということだ。

すなわち、こんな状況だ。熟達した噺家による口演を録音したとする。この録音を人は繰り返し聴く。そして同じタイミングで笑う。その一方でこの録音は、繰り返し聴いているこの人以外にも同じような作用を及ぼし、多くの人が同じタイミングで笑う。

応答の信頼性という観点からは、一人に繰り返し感情を喚起させることと、多くの人に感情を喚起させることは、別々の現象ではなく、同じメカニズムに駆動される同一の現象である。

それはいずれも表現が蓋然性を伴って影響力を持ち、それゆえ何度入力しても一貫して決まったタイミングで、似た感情状態・感情体験を引き起こすということである[41]。

これは、集合的感情が生起するメカニズムに正確に対応している。噺家の口演が共通入力として観客の集合的感情を引き起こすのは、それが劇場に足を運んだ観客に対して蓋然性をもって影響力を持ち、多くの人の間に同じタイミングで感情を喚起するからだ。

これが、観客が一斉に笑うメカニズムだ。

訴求力を持つ表現ができる演者を熟達者と呼ぶなら、共通入力の信頼性の高さは熟達の指標になる。後述する瞬目（まばたき）同期はその一つである。実際に実験してみると、熟達者の口演は、初級者の口演に比べてより強く観客の瞬目の増減のタイミングをガイドした。結果的に瞬目の増減するタイミングが観客間で一致した。

数秒から数十秒の表現の積み重ねとして、応答の信頼性が生み出されるので、熟達化過程では師匠や先輩の言葉でさえ、そのままでは役に立たない。その言葉が本質を捉えているのだとしても、言語化する際に情報が大きく省略されているからだ。

そうしたときに頼りになるのは、噺家自身がまさに演じながら行う省察《せいさつ》である。共通入力同期の観点からいえば、パフォーマンスをしながら省察すべきなのは、表現内容に対して観客応答に信頼性があったのかどうかである。噺をしている際に、確かな目印などないから、観客の細やかな反応から対応関係を察知する感受性が重要になる。

観客の集合的感情の状態や演客一如《いちにょ》とでもいえる一体感は、理知的に識別するというよりも、肌で感じるものだ。演者さえ自分の表現の訴求力をあらかじめ頭のなかだけで予測することはできず、観客のフィードバックから、どの程度まで効果的に影響を与えたのかを感じ取るほかない。だから、劇場での共通入力は一方通行ではない。観客の反応に基づく調整が行われている。こうした即興性がライブパフォーマンスを成り立たせるのであり、熟達化の基盤となる。

まばたき同期という手がかり

演者から複数の観客群への共通入力同期という現象は、観客間の相互作用同期と同時に生じている。だから、現実には切り分けることはできない。だが、心理実験ならこの二つの作用を分離して、推定することはできる。

これまで劇場の研究といえば、おもしろさや没頭の程度を主観的に回答してもらう質問紙調査によるものが多かった。だが、二〇一五年ごろから実証的な研究もちらほらと見られるようになってきた。

例えば、全体のパターンとしてどのように反応を示すのかは、映画館から排出される二酸化炭素濃度を使って研究が行われている[42]。観客が興奮したり、映画に熱中したりするほど、酸素を消費するから二酸化炭素濃度から集合的感情の時系列的な変動が推定できる。また、観客の皮膚電位や身体運動（加速度）の同期から、映画のハイライトを特定する研究が行われている[43]。脳活動計測のように大掛かりな装置が必要ではないものでみどころがわかるのであれば、それは有益であろう。

瞬目（まばたき）同期に着目した私の研究では、熟達した噺家の場合には、個人を対象にしても同期が生じた。個人実験では観客どうしの影響は完全に排除されているから、共通入力だけでも同期が生じることがわかった[44]。

瞬目同期の程度は、入力に対する応答の正確さに依存しているので、逆問題として共通入力の影響を推定できる。

非線形時系列解析を用いるので、説明は容易ではないが、概念的にいえば、これはいわば、風に揺れる植物の葉の振動から風の強さを知ろうというものだ。

突拍子もない考え方だが、最近では、室内の観葉植物の振動を遠く離れた場所から観察して、その振動から聞こえていない音声を再現するという盗聴手法が成功している。[45]

事実、私が提案した手法では、神経細胞の発火パターンから共通入力としての外部入力電位を誤差約五パーセントという高い精度で再構成することができた。同じ手法を用いれば、観客の瞬目パターンから共通入力としての演者の表現を再構成できる可能性が高い（図4）。

相互作用同期についての研究も始まっている。

私が行った瞬目同期に着目した実験では、個人での視聴と集合での視聴を比較した結果、観客間相互作用が示唆された。

個人に対する実験を集団状況での実験結果と比較すると、集団での場合において、より同期した。もし、観客間相互作用がない、あるいは影響力が無視できるほど小さいのであれば、両者の間に差は見られないはずである。

だが、実際には、寄席と同じように集団状況で鑑賞した場合には、個人を対象にした実験に比べ、瞬目の観客間でのずれは一貫して三〇パーセントから六〇パーセント減少して

図4　演者からの共通入力の再構成

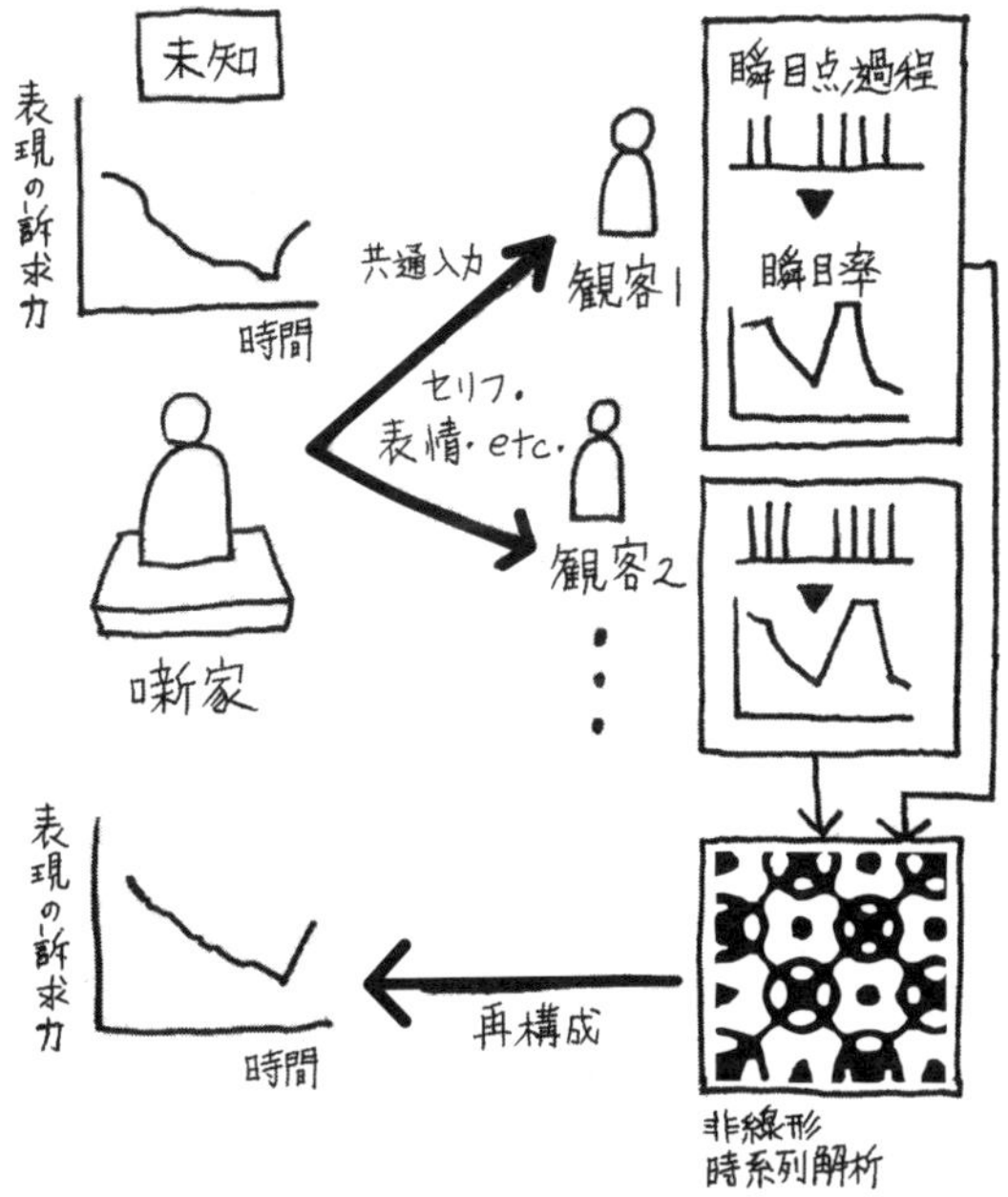

落語を含む上演芸術では、表現の訴求力は未知である。本手法では、訴求力が強いとき観客は一貫した応答を示すと想定し、応答の共通点を用いることで共通入力を再構成する。

おり、観客間相互作用の影響が認められた[46]。これは、集団で視聴する際には、瞬目が同期しやすくなるという引力的な働き方をしていることを意味する。

かつて、分子間力を直接は計測ができなかった時代には、分子間力が存在しない（また体積がゼロ）という理想気体の挙動を、実際の気体の挙動と比較することで分子間力を推定していた。引力的に働く分子間力が存在していると、理想気体から計算される温度よりも高い温度で液体に変化する。温度と状態変化の関係を調べる基礎的な実験を積み重ねることで、分子間力の働き方を同定したのである。

観客間相互作用は、まだ概念上の存在だが、このアナロジーでどの程度の大きさなのかは推定できそうだ。今後、実証的なアプローチは一層増えていくだろう。

演者の訴求力と客どうしの相互作用

こうした研究は始まったばかりで、研究事例は数えるほどしかない。

そのため、共通入力と観客間相互作用が、集合的感情にどの程度寄与しているのか、それが口演中にどのように推移していくのかについては、根拠を持って論じるほどの知見が得られていない。

私もまだこうした問いについて答えを持つわけではないが、寄席や落語会に足を運ぶ中で感じ取った感覚から、一つの仮説を持っている。

それは、観客間相互作用は重要だが、その影響力は演者からの共通入力の強度に依存するというものだ。

まず、共通入力の強度が十分に高いケースでは、多くの観客が一斉に笑うので、観客間相互作用の強さに関係なく集合的感情が生じ、観客は同期する。

次に、共通入力の強度が中程度のケースでは、さきほどよりも観客間相互作用の役割が重要になる。それは典型的には、劇場のあちこちで笑いが起こるような状況である。

この状況では、観客が混み合って座っており、笑い声によってその楽しさを伝えることになる。情動伝染が生じ、共通入力の影響と合わさることによって、観客はおもしろさを感じる。観客間相互作用は優位に働き、会場全体で集合的感情を共有していく。

最後に、共通入力が弱いケースでは、そもそも笑い声を上げる者はなく、おもしろさを狙って何かやったのに何も反応がない。この場合、笑い声が起こらないということは、情報としては無ではなく、むしろ負の効果を持つ。なぜなら、入力に対して反応が生じないことが、一つの情報として伝えられるからである。

もっと日常的な表現でいえば、周囲の観客が笑わなかったことが伝播して、なおさら笑えなくなってくる。

これらの仮説について、実証的なアプローチによる研究が必要だ。実験のデザインはこうだ。共通入力の程度を操作しつつ、例えば観客の混み合い（密度）を上げていくことで観客間相互作用を上昇させていったとき、この三通りのパターンが現れるかを検証するというものである。

仮説が正しければ、共通入力が強すぎずまた弱すぎず、まさに中程度のとき、観客の密度が観客の集合的感情の生起に最も寄与するという結果が得られるはずだ。[47]

終　章　新たな客席のあり方と劇場認知科学

距離の制約を克服するには

劇場では、舞台と客席との間には隔たりがあり、公衆距離で演じられる。また、共通入力および観客間相互作用による同期が生じる。観客の集合的感情を引き起こすためには、観客が互いに影響し合う環境で、演者からの共通入力が観客の感情を確かに喚起する必要があった。

だがもし、世の中に不可逆的な変化が生じて、観客間相互作用の効果を期待できる混み合い（密度）が禁止された世界が訪れたとしたら、私たちはどのように劇場をデザインすればよいのだろうか。

舞台と客席の近接学を考えてきた私たちは、そんな世界での劇場の姿について、すでにその解決方法の一部に触れている。

距離という観点から劇場にアプローチするということだ。それは具体的に、物理的な距離とその距離に応じて変化する視覚・聴覚・嗅覚・筋覚・温覚を利用するという形になる。

こういうと「観客間の距離を保つ」という制約をまず前提に置いてしまいそうだが、そうした誘惑はいったんわきに置いて、こう考えてみよう。

これまでの劇場は、演者からの共通入力を物理的に近接する観客が一斉に受けることで成り立ってきた。こうした常識を一つ一つの要素に分解して、新たな形で再構成できないか。そういう提案である。

生物学では、一九八九年に研究発表されたノックアウトマウスを用いて研究が行われ、今日に至るまで膨大な貢献をしてきた。ノックアウトマウスとは、個体発生時に薬物により特定の遺伝子を機能不全にして、遺伝子欠損の状態を創り出したマウスのことである。反対に、マウスがもともと持っていなかった遺伝子を導入するノックインマウスを使った研究も盛んに行われている。ノックアウトやノックインの発想は、新たな劇場を創出する際の概念的操作のヒントになる。

こうした視点から物理的な意味での距離をいったん抽象して考え、何らかの操作をして、再構成できないだろうか。

二〇二〇年現在、新型コロナウィルス感染症によって劇場での公演が制限されるなか、自宅から鑑賞する舞台表現に満足するのが難しいという声もよく聞かれる。その代表的な理由は、視覚と聴覚という限定的な情報しか用いていないからだ。モニターを通してでは、嗅覚・筋覚・温覚は巻き込まれない。

これは、二重に臨場感を損なっている。表現自体の作用と、観客間の相互作用である。媒体として表現を伝える方向では、様々な工夫がなされてきた。参加者を三六〇度取り巻く映像や周囲から聞こえてくる音声のほかに、振動や水しぶき、匂いなどを表現する4DXと呼ばれる体感型上映方式はすでに一般的になった。宙を浮いたり、敵から逃れたりするアトラクションがテーマパークで人気なのも、こうした表現技術の進歩によるところが大きい。

この装置は簡単には導入できないが、こうした基本的な方法に加えて、観客間の情報を伝達し合うテクノロジーが役に立つ。

サントリーホールでは、聴覚障がい者のためのコンサートを定期的に開いている。そこでは、ボディソニックという装置を用いて、音楽を振動として伝えている。こうした技術を応用できるだろう。

より小さい規模で実現しようとすれば、小型のウェアラブルな装置で観客間相互作用を操作する方法がある。

本書で述べたように、観客間相互作用さえ生じれば、個人で表現を楽しむだけではなく、集合的感情が生じるという仮説を持ってもよいだろう。従来の劇場では、観客間相互作用は観客どうしが近接するという手段によって実現されているが、これを何か別のもので置き換えられるのではないか。

例えば、観客間相互作用が体温を伝える空気によって生じていると考えるなら、ノックアウト的発想に立って観客間で空気を遮断する方法、あるいはノックイン的な発想で観客間に同時に暖かい空気を吹き付けるといった操作が考えられる。

より現実的な方法は、すでに述べた。スマホなどの端末から電源を取り、電気信号や振動により「自分を取り巻く観客の反応」をフィードバックする方法が考えられる。これは表現の臨場感を増すためではなく、あくまで観客間相互作用を引き起こすための工夫だ。

もし観客間相互作用に空気中の湿度が関係しているなら、鼻の中に鼻栓のような装置を装着し、湿度を変化させることもできる。

鼻栓で体感湿度をコントロールするなどという状況は、イメージするとおかしくて、現時点では冗談のようにしか聞こえない。だが、ほんの少し前、ウォークマンが市販される一九七九年七月までは、耳に小さなイヤホンを詰めて音楽を聴きながら歩くことはなかった。

だから、純粋に新たな体験を模索するなら、現在基準での常識に基づいた判断はいったんわきに置いて、観客間相互作用の効果を追究してみることが必要である。

もし、湿度のコントロールによってライブパフォーマンスのリアリティが気軽に再現できるなら、その小さな装置をいそいそと鼻に挿入する人たちはたくさん現れることだろう。こういう装置を使うのは、いずれにせよ私的な空間だ。それを「ディストピアか」とシニカルに笑うより、実証研究を行って観客間相互作用が生じるかどうかを確かめるほうが有意義に思われる。

こうした挑戦が幾度となない失敗を経たとしても、いずれ成功を収めることができれば、それはきっと新たな鑑賞スタイルとして提案されることだろう。

暗黙知を読み解く視点

劇場関係者は、観客が存分に楽しむために、混み合った客席が一番よいと経験的に知っている。また、演者が舞台を降りて客席へと歩みを進める類の演出は、高々二回までに止めておかなければ、観客はダレたり冷めたりすることを知っている。

それが妥当なのは経験的にはわかるのだが、それはいったいなぜなのか。そう問われると、多くの作品に関わってきた熟練者といえども、答えることは容易ではないだろう。

本書では、劇場のこうした暗黙知を丁寧に読み解き、その意味を改めて明らかにしてきた。

このときの足場は、あくまで実証科学である。劇場に関しては、これまで文化論や芸術論、文化人類学の分野で観察や論述がなされてきた。こうしたアプローチでは、劇場関係者の暗黙知を言語化し、精緻《せいち》にしていくことはできても、背景にあるメカニズムまで言及することは容易ではない。ある条件を操作したとき、実際に予想されたようになるかどうかを確かめるという過程が含まれていないからである。

観客の行動を予測しようとか、観客に表現を存分に味わってもらいたいと願うなら、感情体験が生じる際の諸条件や観客に演者が影響を及ぼすメカニズムを解明するほうが効果的である。実証的アプローチによって原理原則が明らかになれば、観客の劇場体験を生み出したり、表現が伝わりやすい客席をデザインしたりも、当然できるようになるからだ。

劇場に焦点を当てた学問として、私が専門とする劇場認知科学がある。

劇場認知科学とは、劇場に特化した認知科学という意味である。認知科学は人間の知性に関わる学問のことだから、劇場認知科学は、すなわち演者や観客といった劇場に関わる者の記憶や思考、問題解決などの知的活動を扱う学問分野である。

同時に、劇場認知科学では、演者と観客の間の相互作用や客席にいる観客どうしの相互作用も正統（authentic）な研究対象である。本書で見てきたとおり、こうした相互作用に触れなければ、劇場で生じる多くの現象を説明できないからである。

劇場での相互作用を扱う際には、観客群を集合として一つの群れを成すものとして捉える。こう定義することで、個々の観客の振る舞いよりも一段大きなスケールで立ち現れる現象が見えてくる。それは、あたかも小魚の群れが大きな魚影をなすがごとく、集合的な振る舞いをみせる観客のもう一つの姿である。

観客の一人ひとりの体験は、ごく主観的なものだ。だが、観客が集合的に示す行動や感情は、測定することも量を比較することも可能であり、それゆえ客観的な指標になる。

つまり、劇場空間全体をざっくりと眺め、観客の集合行動から客観的な指標を得る。これにより、個々の「私」の体験としての楽しさやおもしろさは一定の普遍性を持ち、多くの観客がタイミングをそろえて変化する諸条件は何か、という形式で劇場の問題を定式化することができる。

と、ここまで劇場認知科学を確立された学問分野として紹介したが、それには少し誤《ご》謬《びゅう》がある。なぜなら、劇場認知科学はいまだ学問分野としては、確立されたものでもなければ、知名度もほとんどない。

それもそのはず、私が二〇二〇年四月から同名の授業を担当したときに誕生したもので、劇場認知科学は生まれたての赤ん坊のような学問である。

それゆえ劇場認知科学の担い手であることを自任する研究者は私を措《お》いてまだいない。

海外を見渡してみても、私の調べた限りでは、二〇二〇年現在、Cognitive Science of Theatre を冠した授業や研究は行われていない。

劇場認知科学は、生まれたての赤ん坊のような学問ではあるが、時間空間を共有する演者と観客群のコミュニケーションを数理的に理解することで、これから社会の要請に応える研究に育っていくのであろう。

その一例を挙げるなら、観客の人数や観客どうしの距離などの制約の下で最大の効果をもたらす最適な配置という課題である。

観客間で間隔をあけることが求められ、最大でも収容人数の五〇パーセントにまで制限された客席において同じ共通入力が与えられるとして、最も効果的な座席の配置はどのようなものか。劇場認知科学は、社会実験が難しい事柄をシミュレーションすることを可能にする。

第三章で、劇場における客席の設計では、「距離を最小にしよう、親密さは一定にできないのだとしたら」という前提によって、距離のみを操作しようとしていると述べた。カップルたちが自然と行っていた方略から、逆照射されて示唆される一つの解決方法は、「劇場では親密さは一定にできない」を疑ってみることではないだろうか。発想はこうだ[48]。

限られた席数の中で、距離が一定にしかできないとしても、その中で親密さが高い部分を作ることはできる。最も簡便な方法は、友人や恋人、顔見知りから視覚情報が得られるように配置することである。これらの接触可能な人たちを前後左右に座ってもらうことで、最大収容数の五〇パーセントしか使用できない客席であっても、密度の濃淡を実現できる。

親密なペアを作ることができれば観客間相互作用が引き出され、それが笑い声や泣き声を媒介とすることで空席を飛び越えて伝播すれば、観客の集合的感情が生じやすくなることは十分にあり得る。

さらに、こうした知見を応用してオンライン配信にライブ感を付与することはできないのか、無観客ライブでも観客の盛り上がりを演者にフィードバックする方法はないのか、公演の機会が少なくなった演者の熟達化を正しく支援する方法はないか。

実証データを積み重ねることで、具体的で有効な方策を創出していくことができる。

その方向は、現状の不足を補い、再びこれまでのあり方を復活させようと願うというものだけではない。これまで誰も見たことも聞いたこともなかった新たな劇場のあり方を提案することもできるのではないか。

人と人のコミュニケーションから、距離の要素を抜き出し、それをあれこれ操作してみて別の形にできないかと考えてみる。具体的な事例にとらわれすぎず、いったん抽象化して、集合的感情を引き起こす観客間での相互作用同期や演者と観客群の間の共通入力同期というピュアな要素に分解して、別の形で組み立ててみる。

そうしたときに出てきたアイディアが、きっと新たな劇場のあり方を示している。

私たちは距離の法則に支配されている。

だが、いま距離が持つ意味自体が問い直されている。

舞台と客席の意味が再定義されるなかで、劇場認知科学が一〇〇年後には当たり前になっているであろう新たなエンターテインメントの創出に寄与することを願っている。

あとがき

舞台と客席の近接学が取り扱うのは、距離の問題にすぎない。

だが、そこで明らかになるのは、劇場という存分に楽しむための場が、どれほど工夫に満ちていたのかだった。劇場の暗黙知は、いま実証研究と組み合わせることで、経験からもたらされた工夫の効果を定量的に裏付けることができるようになりつつある。

人と人の距離はもっぱら社会学あるいは文化人類学が扱ってきた。だが、二〇二〇年に数理的アプローチに出合って、新たな劇場のあり方に具体的な示唆を与えるものとなり、その魅力を何倍にも高めている。

文理融合や学際研究が大事なのは、両者を掛け合わせることで、効果が何倍にもなるからだ。これが相補的な関係であっては、足し合わせにしかすぎず、おもしろみは少ない。

グローバル化についても同じことが言えるだろう。日本の日本らしいことをきちんと突き詰め、そのうえで海外の知見と掛け合わせる。そうすることで何倍もの効果が得られる。そういう研究でなければグローバル化する意味は薄いというべきだろう。

本書は、これまで言及されてこなかった「劇場における距離」をめぐる問題を論じている。舞台と客席の近接学を実証的なアプローチにより継承した劇場認知科学の可能性を感じ取っていただければ幸いである。

二〇二〇年一二月

野《の》村《むら》亮《りょう》太《た》

注

引用・参考文献と補足説明

【まえがき】

[1] もっと広く芸術学全般の概観を得たい場合には、次の著書が利用できる。渡辺護『芸術学』（東京大学出版会、1975年）

【序章】

[2] 人とすれ違うのは、単に物と物の隙間をすり抜けることとは異なる。間隙通過に関する研究のレビューは、下記の文献が詳しい。友野貴之・山本敦・古山宣洋・三嶋博之「すき間を通り抜けること：間隙通過研究の動向と課題（1987～2019年）」『認知科学』27(3), 386-399, 2020.

[3] 人と人の心理的な意味での距離を定量化する古典的な手法に、自己を表す正円と他者を表す正円がどの程度交わっているかを判断する方法がある。円の重なりの比率が大きいほど、近い間柄であることが示される。Aron, A., Aron, E. N., & Smollan, D. Inclusion of other in the self scale and the structure of interpersonal closeness. *Journal of Personality and Social Psychology*, 63(4), 596-612, 1992.

[4] life spaceの訳語。地理学者ラッツェルの造語でクルト・レヴィンが用いた。「人の生活空間は、その人を取り巻く私的な空間であり、その人に影響を与える諸要因を包括する」（『誠信 心理学辞典［新版］』誠信書房、2014年）

[5] 人は予期からのズレが生じたり、異なる文脈にあるものが併存する時に「おかしさ」を感じて笑ってしまう。舞台表現のような複雑な刺激に

対して笑うのはヒトだけだが、チンパンジーの子どもも遊んでいるときに予想外の出来事が生じると、プレイフェイスと呼ばれる表情を示し、笑い声に似た声を上げる。野生のチンパンジーの笑いについて調査をした研究は Matsusaka, T. When does play panting occur during social play in wild chimpanzees? *Primates*, 45(4), 221-229, 2004.

【第一章】

［6］歌舞伎の回り舞台には、転換の素早さだけではなく、場面が急転することを表現する効果もある。本書では舞台以外の装置には言及しないが、他にも歌舞伎では花道の途中に設えられたセリ上がり装置である「すっぽん」などもある。これらの装置は、電動の装置が生まれる以前からダイナミックな演出を実現してきた。

［7］「神の視点」は、舞台や小説の用語。どの登場人物の視点でもなく、物語全体を見通す者の視点のことで、主にナレーションや地の文がこの視点からのものであることを説明する際に用いられる。

［8］野火的活動に関しては、香川秀太・有本典文・茂呂雄二『パフォーマンス心理学入門―共生と発達のアート』（新曜社、2019 年）などの記述がわかりやすい。

［9］telic mode の訳語。課題に取り組む真剣な状態のこと。遊びのモード（para-telic mode）とは異なり、生存に直結する行動を引き起こす。心理学者ミハエル J. アプターが提唱した動機づけを説明する反転理論の中で用いられている。

［10］『古事記』に登場する黄泉比良坂（よもつひらさか）は、この世とあの世（黄泉の国）の境目のこと。他方で、両者を接続する場所でもある。イザナミ（伊邪那美）はイザナギ（伊邪那岐）に自分の姿を決して見てはいけないと告げたにもかかわらず、イザナギがその変わり果てた姿を見てしまい、この地まで逃げる。

［11］「見るな」の禁忌に関する論考としては、北山修『定版 見るなの禁

止一日本語臨床の深層』（岩崎学術出版社、2017年）がある。北山修氏は九州大学で教鞭をとっていた。私が大学生の頃、北山教授が講義された精神分析の授業を受けたことがある。

【第二章】

［12］消防庁の「火災予防条例準則」および東京都の条例を参照した。

［13］Chartrand, T. L., & Bargh, J. A. The chameleon effect: The perception-behavior link and social interaction. *Journal of Personality and Social Psychology*, 76(6), 893-910, 1999.

［14］Condon, W. S., & Sander, L. W. Synchrony demonstrated between movements of the neonate and adult speech. *Child Development*, 45(2), 456-462, 1974. その後の研究としては、下記の論文も参照。見知らぬ赤ん坊よりも自分の子どもである方が同期しやすいと示唆されている。Bernieri, F. J., Reznick, J. S., & Rosenthal, R. Synchrony, pseudosynchrony, and dissynchrony: Measuring the entrainment process in mother-infant interactions. *Journal of Personality and Social Psychology*, 54(2), 243-253, 1988.

［15］音楽に合わせて行進しているような状況でなくても、人は互いに影響して歩行のリズムが同期する場合がある。歩行の同期によって生じたミレニアムブリッジの事故のメカニズムについては、次の論文が参考になる。Eckhardt, B., Ott, E., Strogatz, S. H., Abrams, D. M., & McRobie, A. Modeling walker synchronization on the Millennium Bridge. *Physical Review E*, 75(2), 021110, 2007.

［16］熟達者と初心者の定量的な比較は次の論文に示されている。Miura, A., Fujii, S., Yamamoto, Y., & Kudo, K. Motor control of rhythmic dance from a dynamical systems perspective: A review. *Journal of Dance Medicine & Science*, 19(1), 11-21, 2015.

［17］電子回路で生じるヒステリシスは、次の論文で初めて紹介された。

van der Pol, B., & van der Mark, J. Frequency Demultiplication. *Nature*, 120(3019), 363-364, 1927.

[18] Richardson, M. J., Garcia, R. L., Frank, T. D., Gergor, M., & Marsh, K. L. Measuring group synchrony: A cluster-phase method for analyzing multivariate movement time-series. *Frontiers in Physiology*, 3, 405, 1-10, 2012.

[19] 論文によると、ロッキングチェアの周期はかなり頑健なので、実験参加者の体重など個人差は無視できること、また、先行研究で同様の手続きで同期できると示されたことを理由にこの手法を選んだという。

[20] 中島義明ほか編『心理学辞典』(有斐閣, 1999年)で「感情」の項目を調べると、「感情がどのようなものであるかは誰もが知っているが、その定義を求められると誰もが答えられないといわれる」とびっくりするような文言が書いてある。それだけ感情の定義は難しい。

[21] 集合的感情に関する最近の総説は次の論文が利用しやすい。個人の感情とは、質、マグニチュード、時間発展の点で異なることを指摘している。Goldenberg, A., Garcia, D., Halperin, E., & Gross, J. J. Collective emotions. *Current Directions in Psychological Science*, 29(2), 154-160, 2020.

[22] 実験対象者数が68万9003人という大規模な社会実験。現代では実証的な立場からの社会学が実現しつつある。Kramer, A. D. I., Guillory, J. E., & Hancock, J. T. Experimental evidence of massive-scale emotional contagion through social networks. *Proceedings of the National Academy of Sciences*, 111(24), 8788-8790, 2014.

[23] 音楽によって生じる鳥肌感の調査研究。鳥肌感の主要な要因として、独りで聴く状況、曲中のクレッシェンドに加えて、人の声、歌詞、“一体感”などの概念が影響することが示唆された。Bannister, S. A Survey into the experience of musically induced chills: Emotions,

situations and music. *Psychology of Music*, 48(2), 297-314, 2020.

［24］日本でも感動についての実証研究は数えるほどしかない。理論的な枠組みを与えた論文は下記のとおり。戸梶亜紀彦「『感動』喚起のメカニズムについて」『認知科学』8(4), 360-368, 2001.

［25］Vuoskoski, J. K., & Eerola, T. The pleasure evoked by sad music is mediated by feelings of being moved. *Frontiers in Psychology*, 8, 439, 1-11, 2017. また、最新の総説として次の文献も参照するとよい。Cullhed, E. What evokes being moved? *Emotion Review*, 12(2), 111-117, 2020.

［26］being moved に関して下記論文では、「心動かされる悲しみと喜びの両感情（が結果に表れたこと）は、ポジティブな感情とネガティブな感情の共活性化を示しており、それは混合した情動に位置づけられる」としている。Menninghaus, W., Wagner, V., Hanich, J., Wassiliwizky, E., Kuehnast, M., & Jacobsen, T. Towards a psychological construct of being moved. *PLoS ONE*, 10(6), e0128451, 1-10, 2015. 同様に先述の論文［23］でも、謎めいた感情状態（enigmatic emotional state）とされており、英語圏では「感動」は未だミステリアスな存在であるようだ。

［27］Selby, E. A., Anestis, M. D., & Joiner, T. E. Understanding the relationship between emotional and behavioral dysregulation: Emotional cascades. *Behaviour Research and Therapy*, 46(5), 593-611, 2008.

［28］Hatfield, E., Cacioppo, J. T., & Rapson, R. L. *Emotional Contagion*. New York: Cambridge University Press, 1994.

［29］Sherman, L. W. An ecological study of glee in small groups of preschool children. *Child Development*, 46(1), 53-61, 1975. イグ・ノーベル賞を受賞した本研究は、特に奇をてらったものではなく、伝統ある児童発達の雑誌に掲載されたものであった。

[30] van der Schalk, J., Fischer, A., Doosje, B., Wigboldus, D., Hawk, S., Rotteveel, M., & Hess, U. Convergent and divergent responses to emotional displays of ingroup and outgroup. *Emotion*, 11(2), 286-298, 2011.

【第三章】

[31] 従来人と人のコミュニケーションのモデルは、あたかも分子間相互作用のように複数のエージェントの相互作用をモデル化するのが主流であった。近年、それに代わり、俯瞰的な視点から相互作用を流体として捉え、モデル化する手法が提案されている。例えば、Bain, N., & Bartolo, D. Dynamic response and hydrodynamics of polarized crowds. *Science*, 363(6422), 46-49, 2019. その解説記事は Ouellette, N. T. Flowing crowds. *Science*, 363(6422), 27-28, 2019.

[32] 初期の報告は Buck, J. B. Synchronous rhythmic flashing of fireflies. *The Quarterly Review of Biology,* 13(3), 301-314, 1938. 同じ著者が同じ雑誌に 50 年後に掲載した下記論文は、ホタルの同期明滅の網羅的な文献である。Buck, J. Synchronous rhythmic flashing of fireflies. II. *The Quarterly Review of Biology*, 63(3), 265-289, 1988.

[33] Hanson, F. E., Case, J. F., Buck, E., & Buck, J. Synchrony and flash entrainment in a New Guinea firefly. *Science*, 174(4005), 161-164, 1971.

[34] 理解に原因を求める文献は、R.B. Cialdini. *Influence: Science and practice*. (3rd ed.), New York: Harper Collins, 1993.

[35] Lawson, T. J., Downing, B., & Cetola, H. An attributional explanation for the effect of audience laughter on perceived funniness. *Basic and Applied Social Psychology*, 20(4), 243-249, 1998.

[36] 社会的促進の効果であるとする文献は、Chapman, A. J., & Chapman, W. A. Responsiveness to humor: Its dependency upon

a companion's humorous smiling and laughter. *The Journal of Psychology*, 88(2), 245-252, 1974. また、Donoghue, E. E., McCarrey, M. W., & Clément, R. Humour appreciation as a function of canned laughter, a mirthful companion, and field dependence: Facilitation and inhibitory effects. *Canadian Journal of Behavioural Science*, 15(2), 150-162, 1983.

[37] 同調によるとするのは、Brown, G. E., Brown, D., & Ramos, J. Effects of a laughing versus a nonlaughing model on humor responses in college students. *Psychological Reports*, 48(1), 35-40, 1981.

[38] Moran, P. A. P. The statistical analysis of the Canadian lynx cycle. II. Synchronization and meteorology. *Australian Journal of Zoology*, 1(3), 291-298, 1953.

[39] 周期波による同期はよく知られているが、パルスやノイズによる同期は近年盛んに研究されている。例えば、次の文献がある。Teramae, J. N., & Tanaka, D. Robustness of the noise-induced phase synchronization in a general class of limit cycle oscillators. *Physical Review Letters*, 93(20), 204103, 2004. および , Hata, S., Shimokawa, T., Arai, K., & Nakao, H. Synchronization of uncoupled oscillators by common gamma impulses: from phase locking to noise-induced synchronization. *Physical Review E*, 82(3), 036206, 2010.

[40] 落語におけるマクラの役割については、野村亮太『やわらかな知性　認知科学が挑む落語の神秘』（dZERO、2020 年）に解説がある。

[41] 関連する研究に Mainen, Z. F., & Sejnowski, T. J. Reliability of spike timing in neocortical neurons. *Science*, 268(5216), 1503-1506, 1995. がある。単一細胞にノイズを与えると試行間で信頼性があった。これは、内的なノイズが小さいことを示している。

[42] Williams, J., Stönner, C., Wicker, J., Krauter, N., Derstroff,

B., Bourtsoukidis, E., Klüpfel, T. & Kramer, S. Cinema audiences reproducibly vary the chemical composition of air during films, by broadcasting scene specific emissions on breath. *Scientific Reports*, 6, 25464, 1-10, 2016.

[43] Kostoulas, T., Chanel, G., Muszynski, M., Lombardo, P., & Pun, T. Films, affective computing and aesthetic experience: Identifying emotional and aesthetic highlights from multimodal signals in a social setting. *Frontiers in ICT*, 4, 11, 1-11, 2017.

[44] 野村亮太・岡田猛「話芸鑑賞時の自発的なまばたきの同期」『認知科学』21(2), 226-244, 2014. および , Nomura, R., Hino, K., Shimazu, M., Liang, Y., & Okada, T. Emotionally excited eyeblink-rate variability predicts an experience of transportation into the narrative world. *Frontiers in Psychology*, 6, 447, 1-10, 2015.

[45] 植物の葉の揺れから音を再生する方法。Davis, A., Rubinstein, M., Wadhwa, N., Mysore, G. J., Durand, F., & Freeman, W. T. The visual microphone: Passive recovery of sound from video. *ACM Transactions on Graphics.* 33(4), 79, 2014. 白熱電球を用いた方法は、次の発表予稿集。Nassi, B., Pirutin, Y., Shamir, A., Elovici, Y., & Zadov, B. Lamphone: Real-Time Passive Sound Recovery from Light Bulb Vibrations. 2020.

[46] Nomura, R., Liang, Y., & Okada, T. Interactions among collective spectators facilitate eyeblink synchronization. *PLoS ONE*, 10(10), e0140774, 1-9, 2015.

[47] 統制された実験を行うことは、ここで単純に書いてあることの何倍も難しい。観客の個人差が大きいため、誤差として入り込む割合が大きい。こうした効果を打ち消し、再現性のある結果を得るには、一定の環境で繰り返し実験を行える実験室や実験装置が必要になる。

【終章】

[48] 2020年現在、筆者はこうした配置の効果検証を数値シミュレーションにより進めていこうとしている。数年後、得られた成果を本書の続編に付け加えられることを願っている。

［著者略歴］

認知科学者、数理生物学者、早稲田大学人間科学学術院准教授。1981 年、鹿児島県に生まれる。九州大学大学院で人間環境学府行動システムを専攻し、2008 年、期間を短縮して修了。2018 年、東京理科大学大学院工学研究科経営工学専攻修了。博士（心理学）、博士（工学）。2020 年 4 月より早稲田大学人間科学学術院にて劇場認知科学ゼミを主宰。大学時代は落語研究会に所属し、研究者となってからは、認知科学の手法で落語を追究しつづけている。

著書に『プログラミング思考のレッスン』（集英社新書）、『やわらかな知性 認知科学が挑む落語の神秘』（dZERO）、共監訳に『ユーモア心理学ハンドブック』（ロッド・A・マーティン著、北大路書房）などがある。

舞《ぶ》台《たい》と客《きゃく》席《せき》の近《きん》接《せつ》学《がく》

ライブを支《し》配《はい》する距《きょ》離《り》の法《ほう》則《そく》

著者　野《の》村《むら》亮《りょう》太《た》

2021年 2 月5日　　第1刷発行

装丁　水戸部 功

カバー写真　© caiaimage/amanaimages

発行者　松戸さち子

発行所　株式会社dZERO

http://www.dze.ro/

千葉県千葉市若葉区都賀1-2-5-301 〒264-0025

TEL: 043-376-7396 FAX: 043-231-7067

Email: info@dze.ro

本文DTP　株式会社トライ

印刷・製本　モリモト印刷株式会社

落丁本・乱丁本は購入書店を明記の上、小社までお送りください。
送料は小社負担にてお取り替えいたします。
価格はカバーに表示しています。

978-4-907623-39-5

dZEROの好評既刊

野村亮太
やわらかな知性　認知科学が挑む落語の神秘

落語はなぜこんなに面白い？　落研出身の認知科学者は、その答えを探すため前人未踏の研究分野に飛びこんだ。認知科学による落語研究、初の書籍化。

本体 2200 円

阪原淳
増補 社会原理序説　それでも変わらない根本的なこと

大学で経済を学び広告会社を経て渡米。シリコンバレーで働き米映画の製作に参加。多くの文献を読破して哲学を独学。縦横無尽に生きた半生から見えてきた「社会の根本原理」を示した力作。

本体 1800円

森田正光
「役に立たない」と思う本こそ買え　人の生き方は読んできた本で決まる

元祖お天気キャスターにして経営者の森田正光が五十年にわたる読書遍歴を公開。本が社会と個人に与える大きなインパクトを解説する。

本体 1600円

定価は本体価格です。消費税が別途加算されます。本体価格は変更することがあります。

dZEROの好評既刊

岡江晃

統合失調症の責任能力 なぜ罪が軽くなるのか

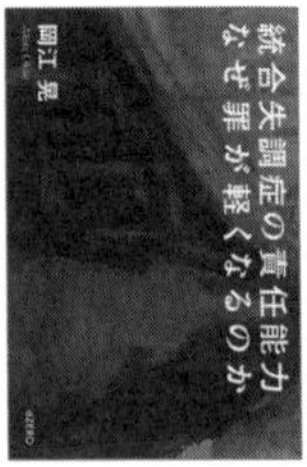

宅間守元死刑囚をはじめ、九十一件の精神鑑定を行ってきた著者が、鑑定事例を引きながら「責任能力のある・なしの境界線」を問う。

本体1800円

山口謠司

ディストピアとユートピア

パズルを解くように漢詩を読む

杜甫、夏目漱石、河上肇ら五人の漢詩人の人生と漢詩を読み解きながら、現代の「ディストピア」と、漢詩が導く「ユートピア」を考える。

本体1900円

平田たつみ
タジ・ゴルマン
広海健

遺伝研メソッドで学ぶ科学英語プレゼンテーション［動画・音声付き］

感じる力、考える力、討論する力を育てる

二百八十七本の動画&音声付き！　国立遺伝学研究所の科学者グループが開発・実践する「科学者のための科学英語学習法」を初公開。

本体3600円

定価は本体価格です。消費税が別途加算されます。本体価格は変更することがあります。